STATISTICAL ANALYSIS OF QUALITATIVE DATA

中国社会科学院创新工程学术出版资助项目

定性数据的
统计分析

赵 平 著

社会科学文献出版社
SOCIAL SCIENCES ACADEMIC PRESS (CHINA)

序

定性变量包含定类变量和定序变量。顾名思义，定类变量包含不同的类别，例如性别、党派；而定序变量是连续的，如情感、意识等。但是定类变量和定序变量不能量化。例如，比较两个家庭的夫妻关系，我们只能说一个家庭的夫妻关系比另一个家庭的夫妻关系好，而不能说"好多少"。在社会科学的一些领域，定类变量和定序变量占有很大的比重，一向是统计学要处理的。

20世纪40年代，数理统计学家和应用统计学家经过不懈的努力，撰写了大量的论文，至1980年完善了数学思想，创立了很多关于定序变量和定类变量的统计与检验方法。例如，通过定序变量的层次赋值方法，学者应用尼尔森相关系数，量度列联表的定序变量的关联，并将适用于定序变量和定类变量的对数概率比回归模型和对数线性回归模型引入社会统计学，取代了有问题的概率线性回归模型。时至今日，30多年过去了，当时针对列联表的量度和检测方法以及对数概率比和对数线性回归已经成为社会统计学的基础，不掌握这方面的知识，不仅不能正确地分析和量度定性变量，而且会阻碍我们学习更先进的统计方法。

本书的重点是介绍定类和定序变量的统计方法。一般来讲，当一个变量既可以作为定类变量也可以作为定序变量处理时，应该选择后者，因为应用定序变量的连续性质及其层次赋值的方法，具有很多特殊的优点：

- 对于同一变量，定序方法比定类方法更灵敏，可以检测出定类量度否定的变量之间的关联；
- 定序数据和定距数据具有相同的连续性，因此适用于定距数据的统计量，如相关、均值和斜率也适用于定序数据；
- 有很多简单的模型适用于定序变量，并且很容易对参数进行解释，这是定类变量所不及的；
- 在量度含有相同数目变量的模型的拟合优度方面，定序变量的参数往往少于定类变量的参数，所以更简单，易于计算。

从另一方面讲，在社会调查数据中，既有定序数据，也有定类数据。例如在列联表中，应变量是定序变量，解释变量是定类变量。更有甚者，研究人员为了方便或其他目的会将定序变量改成定类变量。因此，在介绍处理定序数据的统计方法时，本书也要涉及处理定类数据的统计方法。

本书的宗旨是尽可能地应用简单的数学知识解释相关的统计学原理，以利于从事社会科学研究的读者掌握并应用定性数据的量度方法。尽管如此，书中仍有大量的数学内容。实际上，这些数学内容并不高深，只要具有高中数学水平就能看懂。在阅读过程中，读者要注意以下几点：首先，数学符号本身不是数学，但是在学习的过程中，常常不是数学知识而是纷杂的符号及其角标令读者望而却步。本书中也有很多数学符号，这是无法回避的。读者只有在理解和记住这些符号后，才能学习那些并不深奥的数学知识。其次，概率比（θ）不仅是对二维列联表和多维列联表的变量关联的量度，而且是对对数概率比模型和对数线性回归模型的关联参数的量度。可以说，概率比是贯穿全书的最重要的概念和量度。最后，列联表和模型对定性数据进行统计量度的目的在于测量定序数据的"线性趋势"，例如列联表的累积概率和概率比描述的概率分布就是为此服务的。在学习对数概率比和对数线性模型时，读者要具备普通线性回归和方差分析的知识，并结合列联表的分析方法，才能理解模型的设定及其参数的意义。

在撰写本书的过程中，陈婴婴、夏传玲、赵峰和张亮杰同志为本书提供了丰富的社会调查数据。此外，社会科学文献出版社的同志为本书的出版付出了大量精力。对以上诸位同志，我要表示衷心的感谢。

书中如有不当之处，敬请读者批评指正。

目 录
CONTENTS

第 1 章

二维列联表

列联表也称交叉分类表，具有直观性和实用性，是分析统计数据，特别是定类和定序数据的重要工具，也是学习和掌握对数概率模型的助手。多维列联表虽然复杂，但是，通过对变量进行层层控制，最终还是要落实到对二元变量的分析。所以，最简单的二维列联表是学习复杂表格的基础。在学习各种统计技术之前，我们先要掌握有关列联表的术语、符号和概念，以及一些基本的统计量度。

1 列联表的频次和概率结构

1.1 观测频次分布

设 X 和 Y 是定类或定序变量，分别有 I 个和 J 个类别或层次，列联表的行表示 X 的类别或层次，列表示 Y 的类别或层次。这样，表格具有 IJ 个分类组合（单元格），可以写作 $I \times J$ 列联表。

列联表的观测频次：单元格频次 n_{ij}，边际频次 n_{i+} 和 n_{+j}，样本量 n。

以上符号的角标 i 表示行的类别或层次，j 表示列的类别或层次。行和列的总数被称为边际频次，各单元格频次的总和就是样本量 n。表 1–1 是观测频次分布的一个例子。

表 1 - 1 是否接受高等教育和性别的交互分类

性 别	是否接受高等教育		
	是	否	总数
男	471	1793	2264
女	410	2078	2488
总 数	881	3871	4752

资料来源：中国社会科学院社会学研究所的社会调查。

$$n_{11} = 471 \quad n_{12} = 1793 \quad n_{1+} = 2264$$
$$n_{21} = 410 \quad n_{22} = 2078 \quad n_{2+} = 2488$$
$$n_{+1} = 881 \quad n_{+2} = 3871 \quad n = 4752$$

1.2 联合概率和条件概率分布

列联表的数据除了可以用频数表示外，还可用概率来表示。当调查数据是总体的时候，例如全国人口普查，列联表的概率分布用 π 表示。概率有不同的类型，例如表 1 - 2 中有联合概率、条件概率和边际概率。在 $I \times J$ 列联表中有 IJ 个概率，用 π_{ij} 表示行为 I、列为 J 的单元格概率，IJ 个概率用 $\{\pi_{ij}\}$ 表示。

表 1 - 2 联合、条件和边际概率分布

行	列		总数
	1	2	
1	π_{11} $(\pi_{1(1)})$	π_{12} $(\pi_{2(1)})$	π_{1+} (1.0)
2	π_{21} $(\pi_{1(2)})$	π_{22} $(\pi_{2(2)})$	π_{2+} (1.0)
总数	π_{+1}	π_{+2}	

资料来源：中国社会科学院社会学研究所。

当变量 X 和 Y 是对称的（也就是变量没有应变量和解释变量之分）时，概率分布 $\{\pi_{ij}\}$ 被称为 X 和 Y 的联合分布。观测频次和联合概率的关系为：

$$n_{ij}/n = \pi_{ij} \quad n_{i+}/n = \pi_{i+} \quad n_{+j}/n = \pi_{+j}$$

行或列的边际概率分布是该行或该列的联合概率分布之和。$\{\pi_{i+}\}$ 表示行（变量 X）的边际概率分布，即每一行的单元格概率之和；$\{\pi_{+j}\}$ 表示列（变量 Y）的边际概率分布，即每一列的单元格概率之和：

$$\pi_{i+} = \sum_j \pi_{ij} \quad 和 \quad \pi_{+j} = \sum_i \pi_{ij}$$

行和列的边际概率分布之和有如下关系：

$$\sum_i \pi_{i+} = \sum_j \pi_{+j} = \sum_i \sum_j \pi_{ij} = 1.0$$

即：联合概率分布的行边际概率分布之和等于列边际概率分布之和，等于列联表所有单元格概率之和。

当列联表的变量是不对称的时，Y 是应变量，X 是解释变量。当 X 被确定后（不再是随机的），X 和 Y 的联合分布不再适用。在 X 确定的类别或层次，例如 X 的 i 类别，Y 有条件概率分布，其概率表示为 $\pi_{j(i)}$，$j = 1, \cdots, J$。条件概率和观测频次的关系为：

$$n_{ij}/n_{i+} = \pi_{j(i)}, \quad 边际概率分布为 \sum_j \pi_{j(i)} = 1, \quad j = 1, \cdots, J$$

如果 X 是应变量，Y 是解释变量，则条件概率和观测频次的关系为：

$$n_{ij}/n_{+j} = \pi_{i(j)}, \quad 边际概率分布为 \sum_i \pi_{i(j)} = 1, \quad i = 1, \cdots, I$$

当两个变量是对称的时，可以应用联合概率分布、Y 的条件概率分布（X 确定）〔或 X 的条件概率分布（Y 确定）〕描述它们的关系。当行变量是解释变量、列是应变量时，单元格联合概率除以同一行的边际联合概率就是该单元格的条件概率，这一关系可以由观测频次导出：

$$n_{ij}/n_{i+} = (n_{ij}/n) \div (n_{i+}/n) \quad 等于$$
$$\pi_{j/i} = \pi_{ij}/\pi_{i+}$$

如果解释变量和应变量位置互换，单元格联合概率除以同一列的边际联合概率就是该单元格的条件概率：

$$\pi_{i/j} = \pi_{ij}/\pi_{+j}$$

在一些研究中需要比较和解释定序变量各个层次的条件概率分布。列变量必须是定序应变量 Y，层次用 j 表示；行变量可以是定类或者是定序解释变量 X，类别或层次用 i 表示。

1.3 变量独立的概率表述

当两个变量在统计上独立时，列联表各单元格的联合概率等于对应的边际联合概率之积：

$$\pi_{ij} = \pi_{i+}\pi_{+j} \qquad i = 1,\cdots,I \text{ 和 } j = 1,\cdots,J$$

根据上式，又可推导出下式：

$$\pi_{j/i} = \pi_{ij}/\pi_{i+} = (\pi_{i+}\pi_{+j})/\pi_{i+} = \pi_{+j} \qquad i = 1,\cdots,I$$

公式说明，当变量 X 和 Y 独立时，Y 的第 j 列各单元格的条件概率等于该列的边际联合概率。换言之，当 X 为解释变量、Y 为应变量时，如果对于所有的 $i = 1,\cdots,I$，条件概率满足 $\{\pi_{j/1} = \cdots = \pi_{j/I} = \pi_{+j}\}$，$X$ 和 Y 相互独立。

对于从总体随机抽取的样本，我们用 p 替代 π，$\{p_{ij}\}$ 表示列联表的样本联合概率，$\{n_{ij}\}$ 表示单元格频次，$n = \sum_i \sum_j n_{ij}$ 表示样本总量。因此，我们有：

$$p_{ij} = n_{ij}/n$$

和

$$p_{j(i)} = p_{ij}/p_{i+} = n_{ij}/n_{i+} \quad (n_{i+} = np_{i+} = \sum_j n_{ij})$$

我们要利用随机样本的概率推论总体的数值，该值是概率的值域。

1.4 概率之差

在 $I \times 2$ 列联表中，$\pi_{1(i)}$ $(i = 1, 2, \cdots, I)$ 是行为 i、列为 1 的单元格的条件概率。因为边际条件概率是 1，所以（$\pi_{1(i)}$，$\pi_{2(i)}$）=（$\pi_{1(i)}$，$1 - \pi_{1(i)}$）被称为二项应变量的条件概率分布。同列不同行的概率差表示为

$\pi_{1(i+1)} - \pi_{1(i)}$，相应地，第 2 列的概率差与第一列的概率差有如下关系：

$$\pi_{2(i+1)} - \pi_{2(i)} = (1 - \pi_{1(i+1)}) - (1 - \pi_{1(i)}) = \pi_{1(i)} - \pi_{1(i+1)}$$

概率差的值域在 -1.0 和 1.0 之间。当行 i 和 $i+1$ 的条件概率分布相同时，概率差为 0。如果各行之间均有 $\pi_{1(i)} - \pi_{1(i+1)} = 0$，应变量 Y 在统计上独立于行的分类或分层，则两个变量独立。

在 $I \times J$ 列联表中，如果 $(I-1)(j-1)$ 个概率差 $\pi_{j(i)} - \pi_{j(I)} = 0$，$i = 1$，$2$，$\cdots$，$I-1$，$j = 1$，$2$，$\cdots$，$J-1$，则变量相互独立。

如果将两个变量视为对称的，其概率有联合分布，则行为 i 和 $i+1$ 的条件概率差等于 i 和 $i+1$ 各行的单元格联合概率除以边际概率之差：

$$\pi_{1/(i+1)} - \pi_{1/(i)} = \pi_{(i+1)1}/\pi_{(i+1)+} - \pi_{i1}/\pi_{i+}$$

对于 2×2 列联表，行与行之间和列与列之间的联合概率之差分别为：

$$\pi_{11}/\pi_{1+} - \pi_{21}/\pi_{2+}；\pi_{11}/\pi_{+1} - \pi_{12}/\pi_{+2}$$

以上两者的值不一定相等。

2 变量独立检验

2.1 卡方检验

卡方检验源于生物学的变异预测，生物学家依据经验提出豌豆种子的变异比例（概率），然后用实验结果验证假设（H_0）。这种方法经英国数学家卡尔·皮尔森发展为卡方检验。

对于二维列联表、多维列联表或定类单变量的一组数据而言，变量独立的卡方检验的 H_0 为：单元格的概率等于一确定的值 $\{\pi_{ij}\}$，这个确定的值等于该单元格的行和列的边际概率之积：

$$\pi_{ij} = \pi_{i+}\pi_{+j}$$

对于总体样本量为 n、单元格观测频次为 $\{n_{ij}\}$ 的样本，期望频次为

$\{m_{ij} = n\pi_{ij}\}$。当 H_0 为真时，期望值等于观测值 $\{m_{ij} = n_{ij}\}$。

假设投掷一枚均匀的硬币，正面朝上的概率是 π，背面朝上的概率就是 $1 - \pi$。H_0：硬币正面朝上的概率等于背面朝上的概率，即：$\pi = 1 - \pi = 0.5$。正面朝上的期望频次等于背面朝上的期望频次，同为 $m = n\pi = n/2$。如果 H_0 为真，则 n 次投掷就会得到正面朝上和背面朝上各一半的结果。以上是自然科学的独立检验。

具体到社会统计的二维列联表，我们首先应用列联表的边际频次，算出单元格的期望频次，然后用每一单元格的观测频次 n_{ij} 与该单元格的期望频次 m_{ij} 比较。如果变量独立，即 H_0 为真，则 n_{ij} 应该等于或接近于 m_{ij}；如果 $\{n_{ij} - m_{ij}\}$ 较大，则 H_0 就可能不成立，两个变量会相关。

2.2 皮尔森卡方统计量和卡方分布

检验 H_0 的皮尔森卡方统计量公式为：

$$\chi^2 = \sum \frac{(n_{ij} - m_{ij})^2}{m_{ij}} \tag{1-1}$$

当 $n_{ij} = m_{ij}$ 时，χ^2 的值最小，为 0。在样本量确定后，$n_{ij} - m_{ij}$ 越大，χ^2 越大，从而否定 H_0 的可能性越大。

因为 χ^2 越大，否定 H_0 的概率越大，所以检验 H_0 的 p 值是 $\chi^2 \geq \sum \frac{(n_{ij} - m_{ij})^2}{m_{ij}}$ 的概率。统计量 χ^2 近似于大样本的卡方分布。至于什么是"大样本"，尚没有明确定义。一种观点认为，80% 的 $\{n_{ij}\} \geq 5$ 就可以了。p 值是观测值 χ^2 的右尾概率。

卡方分布因自由度（df）的不同而形状各异，其均值等于 df，标准差等于 $\sqrt{2df}$。df 等于备择假设和 H_0 假设的参数数量之差。随着 df 增大，卡方分布趋于钟形，但仍然向右偏斜。因为 $\chi^2 \geq 0$，所以卡方分布只有非负数值（0 和正数）。图 1-1 是 df 分别等于 1、5、10、20 的卡方密度分布。

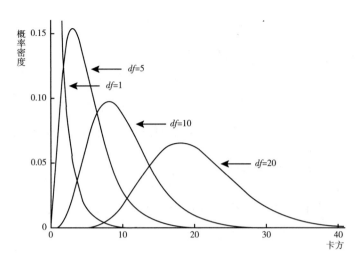

图 1 – 1 *df* 分别等于 1、5、10、20 的卡方密度分布

资料来源：Agresti，1996。

2.3 似然比卡方统计量

另一种检验 H_0 的统计量是显著性检验的似然比卡方统计量 G^2。显著性检验决定了在 H_0 为真的情况下，使似然函数最大化的参数值，同时也决定了在 H_0 为真的一般情况下，使似然函数最大化的参数值。检验 H_0 的最大似然比公式为：

$$\Lambda = \frac{\text{参数满足 } H_0 \text{ 的最大似然}}{\text{参数不受约束的最大似然}}$$

Λ 的最大值为 1。如果在参数不受 H_0 的约束下最大似然的值很大，则最大似然比 Λ 会大大小于 1，可以肯定地否定 H_0。

似然比检验的统计量等于 $-2\log(\Lambda)$，该值是非负数。Λ 的值越小，$-2\log(\Lambda)$ 的值越大。将统计量取对数的目的在于使统计量趋近卡方抽样分布。对于二维列联表，检验统计量可以简化为：

$$G^2 = 2 \sum n_{ij} \log\left(\frac{n_{ij}}{m_{ij}}\right) \qquad\qquad (1-2)$$

G^2 被称为似然比卡方统计量。像皮尔森卡方统计量 χ^2 一样，G^2 在所有 $n_{ij} = m_{ij}$ 时获得最小值 0。当 G^2 较大时，否定 H_0。

虽然 χ^2 和 G^2 是不同的检验统计量，但是它们有很多共同的特性，往往得出的结论也相同。当 H_0 为真并且样本单元格频次大于等于 5 时，两个统计量具有相同的卡方分布，其值也相近。它们的优缺点在后面讨论。

2.4 变量独立的检验

对于二维列联表，二元变量统计独立的 H_0 有如下形式：

$$H_0 : \pi_{ij} = \pi_{i+} \pi_{+j}, \quad \text{对于所有的 } i \text{ 和 } j$$

我们一直用 π 表示总体的各种概率，这里的 π_{i+} 和 π_{+j} 是总体的边际联合概率。卡方检验要使用频次而非概率，所以要把概率转换为频次：$m_{ij} = n\pi_{ij} = n\pi_{i+}\pi_{+j}$，$m_{ij}$ 是假设变量独立的期望频次。

因为随机抽样具有省力、省时和节省费用的优点，所以成为社会调查常用的方法。在总体样本很少的情况下，其调查数据 π_{ij}、π_{i+} 和 π_{+j} 也很少。我们可以用随机抽样样本的概率替代总体的概率：

$$p_{ij} = p_{i+} p_{+j}$$

样本的期望频次 $\{m_{ij}\}$ 为：

$$m_{ij} = np_{i+}p_{+j} = n\frac{n_{i+}}{n}\frac{n_{+j}}{n} = \frac{n_{i+}n_{+j}}{n}$$

这是在零假设即变量相互独立的条件下，单元格的期望频次。

对于 $I \times J$ 列联表的独立性检验，皮尔森和似然比卡方统计量等于：

$$\chi^2 = \sum \frac{(n_{ij} - m_{ij})^2}{m_{ij}}; \quad G^2 = 2\sum n_{ij}\log\left(\frac{n_{ij}}{m_{ij}}\right)$$

以上两个统计量的自由度为 $df = (I-1)(J-1)$。根据 H_0，单元格的期望概率是由边际联合概率 $\{\pi_{i+}\}$ 和 $\{\pi_{+j}\}$ 确定的，而行的边际联合概率之和与列的边际联合概率之和分别为 1，因此最后一个边际联合概率分别

为 $\pi_{I+} = 1 - (\pi_{1+} + \cdots + \pi_{(I-1)+})$ 和 $\pi_{+J} = 1 - (\pi_{+1} + \cdots + \pi_{+(J-1)})$。换言之，只要知道了 $(I-1)$ 个行边际联合概率和 $(J-1)$ 个列边际联合概率，就能知道所有的边际联合概率。这意味着，对 H_0 而言，共有 $(I-1) + (J-1)$ 个参数。对于备择假设，单元格的总数为 IJ，因此有 IJ 个联合概率。因为 IJ 个联合概率的总和等于 1，所以只要知道 $IJ - 1$ 个联合概率就能知道最后一个联合概率。因此，备择假设有 $IJ - 1$ 个参数。自由度 df 等于备择假设和零假设的参数之差：

$$(IJ - 1) - [(I-1) + (J-1)] = IJ - I - J + 1 = (I-1)(J-1)$$

表 1-3 是男性和女性是否接受高等教育的观测频次和期望频次（括号中的数字）。期望频次的计算方法为：

$$m_{11} = n \frac{n_{1+}}{n} \frac{n_{+1}}{n} = 4752 \frac{2264}{4752} \frac{881}{4752} = 419.74$$

$$m_{12} = n \frac{n_{1+}}{n} \frac{n_{+2}}{n} = 4752 \frac{2264}{4752} \frac{3871}{4752} = 1844.26$$

$$m_{21} = n \frac{n_{2+}}{n} \frac{n_{+1}}{n} = 4752 \frac{2488}{4752} \frac{881}{4752} = 461.26$$

$$m_{22} = n \frac{n_{2+}}{n} \frac{n_{+2}}{n} = 4752 \frac{2488}{4752} \frac{3871}{4752} = 2026.74$$

表 1-3　是否接受高等教育和性别交互表的观测频次与期望频次

性别	是否接受高等教育		总数
	是	否	
男	471 (419.74)	1793 (1844.26)	2264
女	410 (461.26)	2078 (2026.74)	2488
总数	881	3871	4752

资料来源：中国社会科学院社会学研究所。

在得到观测频次和期望频次的数值后，应用公式 1-1 和 1-2，可以得到卡方统计量 $\chi^2 = 15.25$，$G^2 = 15.24$，$df = 1$。因为卡方分布的均值等于自由度 1，而 χ^2 和 G^2 的数值与均值相差很大，查卡方分布表，得 $p < 0.001$，因此否定变量独立的 H_0，支持是否接受高等教育和性别显著关联。

2.5 分割卡方

卡方统计量具有可加性，也就是说，如果一个卡方的自由度为 $df = df_1$，另一个卡方的自由度为 $df = df_2$，那么两个卡方之和就是 $df = df_1 + df_2$。同样，$df > 1$ 的卡方可以分解为自由度较小的分量。例如，$df = 2$ 的卡方可以分解为 $df = 1$ 的两个独立的卡方。卡方的可分解性质具有重要意义，研究人员可以通过 χ^2 和 G^2 的分量发现各类别之间的关系，把握关联的本质。

我们以 $2 \times J$ 列联表为例分解 G^2。该表的自由度为 $df =$（2−1）（J−1）$= J − 1$，可以分解为 $J − 1$ 个 $df = 1$ 的 2×2 子表。具体的方法是：先比较前两列，得到分量 G_1^2；然后将前两列合并，与第三列比较，得到第二个分量 G_2^2；再将前三列合并，与第四列比较，得到第三个分量 G_3^2……直到将前 J−1列合并，与第 J 列比较，得到第 $J − 1$ 个分量。每一分量的自由度$df = 1$。

我们应用表1−4的数据来说明一种分割方法。变量家庭收入被分为4个层次（下下、中下、中上、上上），变量受教育程度被分为三个类别（小学、中学、大学）。结果为 $\chi^2 = 312.14$，$G^2 = 312.25$，$df = 6$。查卡方分布表，得 $p < 0.001$，说明观测频次和变量独立的期望频次相差很大，证明变量之间的相关性很强，足以否定变量独立的 H_0。

表1−4　受教育程度和家庭收入的交互分类

家庭收入	受教育程度			总数
	小学	中学	大学	
下下	291	702	113	1106
中下	236	1325	302	1863
中上	110	991	369	1470
上上	15	203	105	323
总　数	652	3221	889	4762

资料来源：中国社会科学院社会学研究所的社会调查。

表1−4可以被分割为两个4×2子表。一个4×2子表由家庭收入的4个层次和受教育程度中的中学和大学层次构成，$\chi^2 = 121.37$，$G^2 =$

121.96，$df = 3$。查卡方分布表，得 $p < 0.001$。这表明，无论是中学受教育程度的被调查者，还是大学受教育程度的被调查者，其受教育程度都与家庭收入有关联。

另一个 4×2 子表的行层次不变，列的中学和大学层次合并为一个层次，另一个层次是小学。$\chi^2 = 190.78$，$G^2 = 190.29$，$df = 3$。查卡方分布表，得 $p < 0.001$。这表明，被调查者从小学升入中学或大学的条件和家庭收入有关。比较两个分表的 G^2，后者的相关性比前者的相关性更强。总之，不管是城市还是乡村，个人的受教育程度都与家庭收入有关。

总表不能任意分割，必须遵循一定的规则使得每个子表相互独立并且不包含额外的信息。统计学家制定了很多规则，其中一条简单规则是先将列联表的频次分成两种类型。

A 类频次：单元格频次（n_{ij}）和样本量（n）；

B 类频次：行和列的边际频次（n_{i+} 和 n_{+j}）。

然后按照以下规则分割总表。

规则 1：原始表格中的频次（A 和 B）必须有且只有一次机会作为同样的类型出现子表中。例如，原始表格中任何一列的频次必须以列的形式出现且只能出现在一个子表中。

规则 2：在一个子表中出现的频次，如边际频次，必须以另一类型的频次再次出现在另一个子表中。

总表的 G^2 等于各分表的 G^2 之和，但皮尔森卡方统计量 χ^2 没有这种性质。但是，对某些研究来说，这一缺憾并不影响我们使用 χ^2。

2.6 模型分割

在下面讲到对数线性模型和对数概率比模型时，常常应用一个模型和其嵌套模型进行比较，判定一个模型多出的参数是否必要或者变量是否相关。我们以对数线性模型为例试说明之。设两个模型分别为：

模型 1 $\log m_{ij} = \mu + \lambda_i^X + \lambda_j^Y$

模型 2 $\log m_{ij} = \mu + \lambda_i^X + \lambda_j^Y + \beta^{XY}(u_i - \bar{u})(v_j - \bar{v})$

比较两个模型，模型 2 比模型 1 多一个关联项 $\beta^{XY}(u_i - \bar{u})$ $(v_j - \bar{v})$，除此之外，其他部分都一样。因此，我们说模型 1 嵌套于模型 2。至于选择哪一个模型，可以用两个模型的拟合程度，即似然比卡方统计量 G^2 之差判定。一般而言，较简单的模型，拟合较差，因而 G^2 较大，导致 $G^2[(1)] \geqslant G^2[(2)]$。令 $G^2[(1) \mid (2)]$ 表示两者之差：

$$G^2[(1) \mid (2)] = G^2(1) - G^2(2)$$

$G^2[(1) \mid (2)]$ 有两个用途：一是检验在假设模型 2 拟合的条件下，较简单的模型 1 是否拟合。如果模型 1 和模型 2 的 G^2 之差没有显著性，那么我们自然选择简单模型。二是检验模型 2 多出的一项 $\beta^{XY}(u_i - \bar{u})$ $(v_j - \bar{v})$ 的显著性，从而判定变量之间是否相关。

所谓模型分割就是模型的 G^2 的分割。如前所述，G^2 的优点是分表的 G^2 总和等于总表的 G^2，这对于模型分割而言是非常重要的。由于 χ^2 不具备这一优点，因而不能在模型分割中使用。

如果模型 1 和模型 2 都具有渐进卡方分布，则 $G^2[(1) \mid (2)]$ 也具有渐进卡方分布，并且其自由度等于两个模型的自由度之差 $df = df_1 - df_2$。

变量独立的卡方检验像所有显著性检验一样，有其局限性。卡方检验的统计量只是简单地说明关联是否存在，而不能回答关于一组数据的所有问题。为了揭示关联的本质，分割卡方和残差分析是必要的。参数估计值（如概率比）可以指出关联的强度。

χ^2 和 G^2 卡方检验对数据是有要求的。首先，在单元格的数量 IJ 一定时，样本量 n 越大，χ^2 和 G^2 的抽样分布越接近卡方分布。其次，当 $n/IJ < 5$ 时，G^2 不准确。当 I 或 J 较大时，即使期望频次是 1，χ^2 仍然是不错的统计量。

虽然 χ^2 和 G^2 的期望频次 $\{\hat{m}_{ij} = n_{i+} n_{+j}/n\}$ 是用行和列的边缘和计算得到的，但行和列变量不是定序。也就是说，行与行或列与列变量之间位置的互换不影响 χ^2 和 G^2。这暗示我们，两个统计量是将变量作为定类变量处理的，换言之，χ^2 和 G^2 适用于定类变量。如果将它们用于定序变量，会损失信息。但是，在比较模型的优劣时 G^2 是一个很好的指标。

3 定序数据的独立性检验

χ^2 和 G^2 的独立性卡方检验要求数据是定类的，如果行或列变量是定序的时，则需要选择适合其层次的检验统计量。

3.1 线性趋势

当行变量 X 和列变量 Y 是定序的时，"趋势"关联是最常见的。趋势关联的含义是：当 X 的层次提高时，Y 的值会在高层次上增加或者随着层次的降低减少。我们可以用单一参数来描述这种定序的趋势关联。最常用的方法是赋予变量各层次数值，然后量度线性趋势或相关的程度。

下面介绍应用皮尔森积矩相关系数，测量 X 和 Y 之间关系的正或负的线性趋势。令 $u_1 \leqslant u_2 \leqslant \cdots \leqslant u_I$ 表示各行的赋值，$v_1 \leqslant v_2 \leqslant \cdots \leqslant v_J$ 表示各列的赋值。赋值是单调的，即赋值与层次是一致的。赋值反映层次间的距离，距离越大，层次间的间隔越大。如果间距相等，则不同赋值组的效应是相同的。例如，赋值(1，2，3，4，5)和(1，3，5，7，9)的间距都是相等的，所以效应是相同的。

$\sum_{i,j} u_i v_j n_{ij}$ 表示 X 和 Y 的协变量，$u_i v_j n_{ij}$ 的含义是赋值叉积 $u_i v_j$ 乘以权重 n_{ij}（单元格频次）。在赋值确定时，X 和 Y 的皮尔森积矩相关系数等于：

$$r = \frac{\sum_{i,j} u_i v_j n_{ij} - (\sum_i u_i n_{i+})(\sum_j v_j n_{+j})/n}{\sqrt{\left[\sum_i u_i^2 n_{i+} - \frac{(\sum_i u_i n_{i+})^2}{n}\right]\left[\sum_j v_j^2 n_{+j} - \frac{(\sum_j v_j n_{+j})^2}{n}\right]}}$$

r 的值域在 -1 和 1 之间，当真值为 0 时，两个变量相互独立。随着 r 的绝对值增大，两个变量之间的线性相关增强。

检验变量相关的统计量为：

$$M^2 = (n-1)r^2 \tag{1-3}$$

当 M^2 为 0 时，支持 H_0（变量独立）；反之，备择假设（变量相关）成立。

公式 1-3 表明，当样本的皮尔森积矩相关系数 r 或样本量 n 增大时，统计量 M^2 会增大。对于大样本，M^2 的分布近似于 $df=1$ 的卡方分布。M^2 大于 0 时，否定 H_0，所以与 χ^2 和 G^2 一样，它的 p 值是观测值的右尾概率。平方根 $M = \pm\sqrt{n-1}\,r$ 具有标准正态零假设分布，并且可以表示层次之间相关的方向。

M^2 检验的变量是对称的，将 $I \times J$ 列联表的行和列及其赋值对调，新的 $J \times I$ 列联表的 M^2 值不变。

3.2 定序检验统计量的优势

上文在谈到 χ^2 和 G^2 的自由度时，笔者曾指出 $df = (I-1)(J-1)$ 是由 $(IJ-1) - [(I-1)+(J-1)]$ 得来的。其中，$(IJ-1)$ 是备择假设参数的数目，$[(I-1)+(J-1)]$ 是 H_0 参数的数目。因此，df 的值 $(I-1)(J-1)$ 就是备择假设比 H_0 多的参数数目。检测统计量例如 χ^2 和 G^2 的设计都是为了找出这些多出的参数的效应。但是，这种设计使得检验统计量失去了检测个别参数效应的灵敏度。

当行和列的变量是定序的时，我们可以用一个参数来描述变量之间的相关。例如，统计量 M^2 就只有一个参数 r——线性趋势的相关量度。统计量只需一个参数就意味着它的 df 等于 1。

如果变量之间确实具有正的或负的关联趋势，应用 M^2 的检验就比基于 χ^2 和 G^2 的检验具有更大的优势。原因是，卡方分布的均值是 df，M^2 的 $df=1$，χ^2 和 G^2 的 $df=(I-1)(J-1)$。因为 $(I-1)(J-1) \geq 1$，所以除了 2×2 列联表，M^2 的卡方分布均值总是小于 χ^2 和 G^2 的卡方分布均值。因此，当 M^2 与 χ^2 和 G^2 的值相当时，M^2 的 p 值更小。这意味着，当变量确实是线性相关的时，与 χ^2 和 G^2 相比，M^2 更有可能否定变量独立的 H_0，即 M^2 的灵敏度较高。

df 较小的卡方检验的另一优势与近似卡方分布的程度有关。对于小或中等的样本量来说，df 越小，抽样分布越接近卡方分布。当一些单元格频次很小时，与 χ^2 和 G^2 相比，M^2 的近似卡方分布的程度要好得多。

本书为了说明定序变量的对数线性回归和对数概率比回归的特点，将介绍定序变量的模型和定序－定类变量混合的模型。为了比较各种模型拟合优劣的情况，就需要应用统一的检验量度。因此，只用于定序数据的 M^2 不合适。虽然 G^2 不如 M^2 精确，但是可以用于定序和定类数据，符合本书的要求。所以本书的其他部分都用 G^2 作为检验统计量。

3.3 赋值

对于大多数定序数据，只要层次的赋值是单调的，不管它们的形式如何，都不会影响估计值。例如，赋值的组合不同，但每一赋值组的间距一样，则 r 和 M^2 的值不变。例如，当赋值组为（0，1，2，3）、（2，4，6，8）或（10，20，30，40）时，其 r 和 M^2 的值与（1，2，3，4）的 r 和 M^2 值一样。

但是，如果数据非常不平衡，即某些单元格的观测频次特大，层次的赋值就会影响估计值。以表 1－4 为例，我们给行的间距取相等的赋值（1，2，3，4），检验统计量就变成 $M^2 = 1.83$，$p = 0.18$，否定 H_0 的力量变得更弱了。既然在某些情况下定序数据的赋值方法不妥，那么我们可以根据数据的排列位置，用它们的秩作为类别赋值。下面以表 1－4 为例，介绍赋予数据中位秩的方法。第一个家庭收入层次"下下"的边际频次为 1106，中位秩（与中位数的计算方法一样）等于（1106 + 1）/ 2 = 553.5。第二个家庭收入层次"中下"的中位秩为 1106 +（1863 + 1）/2 = 2038，其他两行的中位秩照此计算。但 M^2 对列联表的频次分布是有要求的，如果相邻的层次只有很少的观测值，则它们的中位秩必定近似。其结果是，各层次的中位秩距离可能相差悬殊，有的距离很小，有的距离很大，造成不合理的差距，M^2 也是不准确的。

以上两种定序数据的层次赋值方法，在个案频次分布倾斜时，结果不理想。读者在选择使用哪种方法时，要考虑赋值是否能正确反映层次的间距，可以选择间距不等的赋值。在不能确定时，要选择两种或三种方法，检验计算结果是否近似。一般来说，当层次不需要加以特殊考虑时，例如，按照家庭收入，可以分为下下、中下、中上、上上四个层次，给予它们等距赋值是可行的。

当变量 X 和 Y 都是定序的时，中位秩作为它们的赋值，M^2 可以灵敏地测出非参数相关的非零值。这种方法就是斯皮尔曼 *rho*。

3.4 $I×2$ 和 $2×J$ 列联表的趋势检验

当变量 X 只有两个层次，Y 的层次大于2，或者 Y 只有两个层次，X 的层次大于2，且行变量 X 是解释变量，列变量 Y 是应变量时，计算 M^2 要有不同考虑。

$2×J$ 列联表表示解释变量 X 是二点变量，我们用赋值 $u_1 = 0$，$u_2 = 1$ 表示 X 的两个层次。这样，M^2 的基础——协变量 $\sum_{i,j} u_i v_j n_{ij}$ 就简化为 $\sum_j v_j n_{2j}$，这一算术式表示，第二行所有个案在 Y 上的赋值之和除以第二行的单元格数就得到该行的平均赋值。实际上，当变量 Y 是定序的、层次赋值为 $\{v_j\}$ 时，$2×J$ 列联表的 M^2 就可以用来检测两行个案在 Y 上得分的均值之差。用 M^2 检验独立性，小的 p 值支持行均值之差存在。

如果应变量 Y 的层次赋值取中位秩，$2×J$ 列联表的检验对于两行的均值之差很灵敏。这种检验就是威尔柯克森或曼－威特尼检验。大样本的非参数检验使用标准正态 z 统计量。在行取（0，1）赋值、列取中位秩时，z^2 等同于 M^2。

$I×2$ 列联表表示应变量 Y 是二点变量，X 是定序变量。Y 的每一层次的概率在 X 各层次上的变化是研究的重点。X 各行的赋值必须是单调的，Y 的两个层次可取任意值，这时的 M^2 主要用来检验概率的线性趋势。如果是检验独立性，小的 p 值支持线性趋势的斜率是非零的。$I×2$ 列联表的定序检验又被称为科克伦－阿米蒂奇趋势检验。

除了 M^2 之外，其他 $I×J$ 列联表的定序检验还有 γ 和 τ_b 量度法，统称为肯德尔 τ。这些量度具有检验独立性的大样本标准正态分布，其检验统计量的平方是 $df = 1$ 的卡方。像 M^2 一样，这些检验统计量由于只有一个参数而具有潜在优势。

4　定类－定序列联表的检验统计量

检验统计量 M^2 适用于两个变量都是定序变量的情况。如果一个解释变量是定类的且只有两个类别，则仍然可以使用该统计量。如果定类变量的类别超过两个，就要使用另一种统计量。使用这种统计量的步骤是，计算定序应变量在定类解释变量每一行上的均值，然后比较行均值之间的变差。该统计量具有 $df = I - 1$ 的大样本卡方分布。当 $I = 2$ 时，该统计量等同于比较两行均值之差的 M^2。

4.1　2×2 列联表的概率比

概率比用于量度变量之间的相关，以 2×2 列联表为例：

$$\Omega_1 = \frac{\pi_{12}}{\pi_{11}} = \frac{n_{12}/n}{n_{11}/n} = \frac{n_{12}}{n_{11}}$$

$$\Omega_2 = \frac{\pi_{22}}{\pi_{21}} = \frac{n_{22}/n}{n_{21}/n} = \frac{n_{22}}{n_{21}}$$

Ω 是非负数，当分子大于分母时，$\Omega > 1$。概率比之比（或简称概率）等于：

$$
\begin{aligned}
\theta &= \frac{\Omega_2}{\Omega_1} = \frac{\pi_{22}/\pi_{21}}{\pi_{12}/\pi_{11}} = \frac{\pi_{11}\pi_{22}}{\pi_{12}\pi_{21}} \\
&= \frac{n_{22}/n_{21}}{n_{12}/n_{11}} = \frac{n_{11}n_{22}}{n_{12}n_{21}}
\end{aligned}
\tag{1-4}
$$

概率又称交叉乘积比或优比。优比可以用来量度列联表中两行里不同两列的概率。以表 1-1 为例，因为男性和女性的边缘和不相等，所以各列的单元格频次不能互相比较（即各列的女性和男性的数据不能互相比较），必须用各行单元格频次之比 n_{11}/n_{12} 和 n_{21}/n_{22} 或单元格概率比 Ω_1 和 Ω_2 比较。如果 $\theta > 1$，则女性接受高等教育的概率大于男性；反之（$\theta < 1$），女性接受高等教育的概率小于男性。一般而言，列联表的边际数据分布大多数是不同的，因此将同列的单元格数据进行比较没有意义，只有

优比才能正确地反映同列数据的大小。

概率比也可以用条件概率表示：

$$\Omega_i = \frac{\pi_{2(i)}}{\pi_{1(i)}}$$

因此

$$\theta = \frac{\pi_{2(2)}/\pi_{1(2)}}{\pi_{2(1)}/\pi_{1(1)}} \tag{1-5}$$

当 $\theta = 1$ 时，$\Omega_1 = \Omega_2$，两组条件概率分布（$\pi_{1(1)}$，$\pi_{2(1)}$）和（$\pi_{1(2)}$，$\pi_{2(2)}$）相等，两个变量相互独立。

当 $1 < \theta < \infty$ 时，必然出现 $\pi_{1(1)} > \pi_{1(2)}$，$\pi_{2(2)} > \pi_{2(1)}$，变量正相关。当 $0 \leqslant \theta < 1$ 时，必然出现 $\pi_{1(1)} < \pi_{1(2)}$，$\pi_{2(2)} < \pi_{2(1)}$，变量负相关。

在一般情况下，总体的 π 和 θ 是未知的，我们要用随机样本的频次求 θ 的估值：

$$\hat{\theta} = \frac{n_{11}n_{22}}{n_{12}n_{21}} \tag{1-6}$$

$\hat{\theta}$ 的优点在于，任一行或任一列的频次乘以常数，$\hat{\theta}$ 的值不变。如果行或列的次序颠倒，$\hat{\theta}$ 的值是原值的倒数，方向相反。因此，两个互为倒数且方向相反的 $\hat{\theta}$ 表示相同变量的相关程度。

根据算式 1-6，当任意单元格频次 $n_{ij} = 0$ 时，$\hat{\theta}$ 等于 0 或 ∞。因为单元格频次在随机抽样中是一变量，每次随机抽样都会有不同的结果，所以为了避免 $\hat{\theta} = 0$，可用下式替代式 1-6：

$$\hat{\theta} = \frac{(n_{11} + 0.5)(n_{22} + 0.5)}{(n_{12} + 0.5)(n_{21} + 0.5)} \tag{1-7}$$

该式的计算结果只有微小的变化，可以反映变量之间的关系。

4.2　用随机样本的 $\log \hat{\theta}$ 估计总体的 $\log \theta$

随机样本的 $\log \hat{\theta}$ 的标准差为：

$$\hat{\sigma}(\log\hat{\theta}) = \sqrt{\frac{1}{n_{11}} + \frac{1}{n_{12}} + \frac{1}{n_{21}} + \frac{1}{n_{22}}} \qquad (1-8)$$

总体的 $\log\theta$ 的置信区间为：

$$\log\hat{\theta} \pm z_{p/2}\hat{\sigma}(\log\hat{\theta})$$

式中，p 是双尾概率。

根据表 1-1，样本概率 $\hat{\theta} = (471 \times 2078)/(1793 \times 410) = 1.33$，$\log\hat{\theta} = 0.285$。概率 $\hat{\theta}$ 表明样本中接受高等教育的男性是女性的 1.33 倍。$\log\hat{\theta} = 0.285$ 的估计标准误为：

$$\hat{\sigma}(\log\hat{\theta}) = \sqrt{\frac{1}{471} + \frac{1}{1793} + \frac{1}{410} + \frac{1}{2078}} = 0.075$$

95% 置信区间的总体 $\log\theta$：$0.285 \pm 1.96(0.075) \rightarrow (0.140, 0.430)$，相应的总体 θ 的置信区间为 $(e^{0.140}, e^{0.430}) \rightarrow (1.150, 1.537)$。这个区间不包含 1，所以性别和是否接受高等教育是相关的。如果区间包含 1，则性别和是否接受高等教育就有可能是相互独立的。

5　$r \times c$ 列联表的概率

对于 $r \times c$ 列联表，可以有 $\binom{r}{2} = r(r-1)/2$ 个行对子和 $\binom{c}{2} = c(c-1)/2$ 个列对子。假设行为 a 和 b，列为 c 和 d，概率 $\theta = \dfrac{\pi_{ac}\pi_{bd}}{\pi_{bc}\pi_{ad}}$，$r \times c$ 列联表一共有 $\binom{r}{2}\binom{c}{2}$ 个 θ。实际上，我们只需要 $(r-1)(c-1)$ 个概率

$$\frac{\pi_{ij}\pi_{rc}}{\pi_{rj}\pi_{ic}}, \qquad i = 1, \cdots, r-1, \quad j = 1, \cdots, c-1 \qquad (1-9)$$

就能够决定变量是否相关。当 $(r-1)(c-1)$ 个 θ 等于 1 时，$\binom{r}{2}\binom{c}{2}$ 个 θ

也必然等于 1，两个变量相互独立。

当变量是定序的时，概率有三种类型（参见图 1-2）。

1. 局域概率

$$\theta_{ij} = \frac{\pi_{ij}\pi_{i+1,j+1}}{\pi_{i,j+1}\pi_{i+1,j}}, \qquad i = 1,\cdots,r-1, \quad j = 1,\cdots,c-1 \qquad (1-10)$$

该式由相邻的两行和两列的概率构成，用于检验列联表的"局域"相关。

2. 行是局域、列是全域的概率

$$\theta' = \frac{\sum_{b \leq j}\pi_{ib}\sum_{b>j}\pi_{i+1,b}}{\sum_{b>j}\pi_{ib}\sum_{b\leq j}\pi_{i+1,b}}$$

$$= \frac{F_{j(i)}/(1-F_{j(i)})}{F_{j(i+1)}/(1-F_{j(i+1)})} \qquad (1-11)$$

$$i = 1,\cdots,r-1, \quad j = 1,\cdots,c-1$$

简单地说，概率由相邻两行的全部概率构成。如果

$$\theta' \geq 1(\text{或} \log\theta' \geq 0), \qquad j = 1,\cdots,c-1$$

那么

$$F_{j(i)} \geq F_{j(i+1)}, \qquad j = 1,\cdots,c \qquad (1-12)$$

这表明 $i+1$ 行的概率分布随机高于 i 行，即 $i+1$ 行的较大概率处于列定序变量赋值尺度的高端。当应变量是定序的时，$\{\theta'_{ij}\}$ 可用来比较两行的概率分布。

在学习对数线性模型和对数概率比回归模型时，以上两种 θ 是经常用到的统计量，可以说是贯穿全书的重要工具。

3. 全域概率

将 $r \times c$ 列联表的行和列合并为 2×2 列联表，概率：

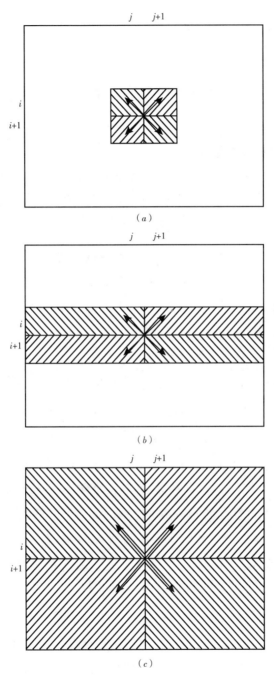

图 1 - 2　(a) $\boldsymbol{\theta}_{ij}$, (b) $\boldsymbol{\theta}'_{ij}$, (c) $\boldsymbol{\theta}''_{ij}$

资料来源: Agresti, 1984。

$$\theta_{ij}^{''} = \frac{\sum_{a \leq i} \sum_{b \leq j} \pi_{ab} \sum_{a > i} \sum_{b > j} \pi_{ab}}{\sum_{a \leq i} \sum_{b > j} \pi_{ab} \sum_{a > i} \sum_{b \leq j} \pi_{ab}}$$

$$= \frac{F_{ij}(1 + F_{ij} - F_{i+} - F_{+j})}{(F_{i+} - F_{ij})(F_{+j} - F_{ij})}$$

$$i = 1, \cdots, r - 1, \qquad j = 1, \cdots, c - 1$$

(1 – 13)

$\theta_{ij}^{''}$ 是两个变量整体相关的量度。

显然，由于将相邻类别或层次进行不同合并，局域、局域 – 全域和全域概率不止一个。三个概率有以下关系：如果所有局域 $\log\theta_{ij} \geq 0$，那么所有局域 – 全域 $\log\theta_{ij}^{'} \geq 0$。如果所有局域 – 全域 $\log\theta_{ij}^{'} \geq 0$，那么所有全域 $\log\theta_{ij}^{''} \geq 0$。对每一类型而言，如果所有对数概率等于 0，则变量相互独立。我们应用表 1 – 4 的数据，说明三种定序变量的概率。表 1 – 5 包含三种样本的定序概率 $\{\hat{\theta}_{ij}\}$，$\{\hat{\theta}_{ij}^{'}\}$，$\{\hat{\theta}_{ij}^{''}\}$，$\hat{\theta}_{ij}$，$\hat{\theta}_{ij}^{'}$，$\hat{\theta}_{ij}^{''}$ 分别表示局域概率、局域 – 全域概率和全域概率。统计结果如下。

（1）$\hat{\theta}_{ij}$ 用接受大学教育和接受中学教育相比，家庭收入"中下"的人接受大学教育的概率是家庭收入"下下"的人的 1.42 倍，家庭收入"中上"的人接受大学教育的概率是家庭收入"中下"的人的 1.63 倍，家庭收入"上上"的人接受大学教育的概率是家庭收入"中上"的人的 1.39 倍。

（2）$\hat{\theta}_{ij}^{'}$ 用接受大学教育和接受中、小学教育相比，家庭收入"中下"的人接受大学教育的概率是家庭收入"下下"的人的 1.70 倍，家庭收入"中上"的人接受大学教育的概率是家庭收入"中下"的人的 1.73 倍，家庭收入"上上"的人接受大学教育的概率是家庭收入"中上"的人的 1.44 倍。

（3）$\hat{\theta}_{ij}^{''}$ 用接受大学教育和接受中、小学教育相比，家庭收入"中下"、"中上"、"上上"的人接受大学教育的概率是家庭收入"下下"的人的 2.37 倍，家庭收入"中上"、"上上"的人接受大学教育的概率是家庭收入"下下"、"中下"的人的 2.21 倍，家庭收入"上上"的人接受大学教育的概率是家庭收入"下下"、"中下"、"中上"的人的 2.25 倍。

以上分析着重于家庭收入和接受高等教育的关系。实际上，表 1 - 5 的三组概率表明受教育程度的每一层次都与家庭收入密切相关，收入越高，家庭成员接受较高水平教育的比例越大。

表 1 - 5 受教育程度和家庭收入的定序概率

i＼j	$\hat{\theta}'_{ij}$		$\hat{\theta}'_{ij}$		$\hat{\theta}''_{ij}$	
	1	2	1	2	1	2
1	2.33	1.42	2.46	1.70	3.26	2.37
2	1.60	1.63	1.79	1.73	2.88	2.21
3	1.50	1.39	1.66	1.44	3.44	2.25

资料来源：中国社会科学院社会学研究所的社会调查。

$\hat{\theta}'_{ij}$ 是相邻两行的局域 - 全域概率，可以从另一角度证明以上的推论。公式 1 - 6 表明，当 $\theta' \geqslant 1$ 时，行 $(i+1)$ 的概率分布随机高于行 i，即行 $(i+1)$ 在列的层次高端的概率大于行 i 在列的层次高端的概率。所以，随着家庭收入的增长，家庭成员接受较高水平教育的比例增大，家庭收入和受教育程度之间有线性增长的趋势。

6 小样本的精确检验

以上讲述的置信区间和各种检验都是用于大样本的。随着样本量 n 不断增大，单元格频次也逐渐增大，并且 χ^2、G^2 和 M^2 等统计量的分布越来越近似于卡方分布。当样本量很小时，在推论时就不能使用大样本的近似分布，而要使用精确检验。本节将讨论二维列联表的精确检验。

6.1 精确检验

我们从 2×2 列联表开始。变量独立的 H_0 为 $\theta = 1$。单元格频次的小样本概率分布是指行和列边缘和与观测边缘和相同的一组表格的概率分布，在单元格频次满足泊松、二项或多项抽样假定的条件下，适合这组表格的概率分布被称为超几何分布。

在行和列总数给定的情况下，一个单元格的频次（例如 n_{11}）决定其他三个单元格的频次。因此，四个单元格频次的超几何概率公式可以用一个单元格的频次 n_{11} 的概率公式表示。在 $\theta = 1$ 的假设下，n_{11} 为（0，1，2，3，4）的概率公式为：

$$P(n_{11}) = \frac{\binom{n_{1+}}{n_{11}}\binom{n_{2+}}{n_{+1} - n_{11}}}{\binom{n}{n_{+1}}} \qquad (1-14)$$

二项式系数等于：

$$\binom{a}{b} = \frac{a!}{b!(a-b)!}$$

检验独立性的 p 值是一组 n_{11} 小于等于或大于等于观测值的右尾超几何概率之和，这组结果要像观测结果一样，可以为支持备择假设提供证据。例如，假设 H_a：$\theta > 1$ 或 $\theta < 1$。在边缘和给定时，n_{11} 越大，样本概率 $\hat{\theta} = (n_{11}n_{22})/(n_{12}n_{21})$ 也越大；反之，n_{11} 越小，样本概率也越小：两者均提供了支持备择假设的证据。注意，概率和 p 值是两个概念，在概率最大和最小时，p 值都最小。p 值是 n_{11} 大于等于或小于等于观测值的全部结果的右尾超几何概率。以表 1-6 为例，$n_{11} \geq 3$ 的结果有两个，一个是观测结果 $n_{11} = 3$，另一个是观测结果 $n_{11} = 4$，所以全部结果的右尾超几何概率为 $p = p(3) + p(4)$。这种 2×2 列联表的检验是 R. A. 费舍尔于 1934 年提出的，被称为费舍尔精确检验。

表 1-6 费舍尔品茶实验

首先倒入（实际）	首先倒入（猜测）		边缘和
	牛奶	茶	
牛奶	3	1	4
茶	1	3	4
边缘和	4	4	

资料来源：Agresti, 1996。

费舍尔的一位同事声称，在喝茶时她可以区分出一杯茶是先倒入茶后倒入牛奶，还是先倒入牛奶后倒入茶。费舍尔于 1935 年发表《实验设计》一文，用来说明他的检验方法。在实验时，费舍尔准备了 8 杯茶，其中 4 杯先倒入茶后倒入牛奶，另外 4 杯先倒入牛奶后倒入茶。然后将 8 杯茶随机给被试品尝。

表 1 - 6 是实验结果。费舍尔精确检验的假设是 H_0：$\theta = 1$，H_a：$\theta > 1$。H_0 意味着被试的猜测独立于茶、牛奶的倒入次序，即被试失败；H_a 表示被试的猜测与茶、牛奶倒入的次序正相关，即被试获得了成功。因为被试已知有 4 杯茶是先倒入牛奶，所以以列和行的边缘和是相同的，而且是固定的。

对于所有行和列边缘和为（4，4）的 2×2 列联表，n_{11} 的 H_0 分布是超几何分布，其所有可能的值为（0，1，2，3，4）。表 1 - 6 显示，被试猜对了有 3 杯茶是先倒入牛奶的。这一结果的概率等于：

$$P(3) = \frac{\binom{4}{3}\binom{4}{1}}{\binom{8}{4}} = \frac{[4!/(3!)(1!)][4!/(1!)(3!)]}{[8!/(4!)(4!)]} = \frac{16}{70} = 0.229$$

极端值的概率等于：

$$P(4) = \frac{\binom{4}{4}\binom{4}{0}}{\binom{8}{4}} = \frac{1}{70} = 0.014$$

单侧备择假设 H_a：$\theta > 1$ 的 p 值是观测值右尾概率的全部值。在本例中，$n_{11} = 3$ 的右尾概率是：$p = p(3) + p(4) = 0.243$。该值偏大，不能充分否定 H_0，即不能证明被试的猜测与牛奶、茶倒入的次序之间有关联。如果被试都猜对了（$n_{11} = 4$），$p = p(4) = 0.014$，那么我们就可以相信被试的能力。换言之，如果 $\theta = 1$，则 $n_{11} = 4$ 的可能性极小；反过来，当 $n_{11} = 4$ 时，$\theta = 1$ 就不可能成立，因此被试的猜测与牛奶和茶的倒入次序是相关的。这种只有在观测值为极端值时才能支持变项相关的假设的现象缘于样本量太小了。

　　精确检验涉及几个专业术语，对此我们要加以说明：①观测值和观测表——依据调查或实验得到的数据和数据表，表1-6就是通过实验得到观测表以及观测值。②极端值。以表1-6为例，第一列的边缘和是4，$n_{11}=$ 3，因此 n_{11} 大于3的值只有4，4就是极端值。而比3小的只有0、1、2，0、1、2也是极端值。换言之，可以选择观测值两端中的一组或一个数作为极端值。在单侧检验中，取大于还是小于观测值的极端值要视研究假设而定。

　　精确检验的特点是直接计算单元格频次的概率，比上述的大样本 χ^2 检验精确。

6.2　*p* 值和犯 Ⅰ 类错误的概率

　　双侧备择假设 H_a：$\theta \neq 1$ 是卡方检验中非独立性的研究假设，其精确 *p* 值的定义为概率不大于观测值各表的双尾概率之和。计算方法是：将对应于观测值 n_{11} 的各表第一单元格的 y $[p(y) \leqslant p(n_{11})]$ 的超几何概率加总。以表1-7为例，除双侧备择假设 H_a 的 *p* 值 $p(2)=0.514$ 外，将其他所有双尾概率 *p* 加总，即 $p = p(0) + p(1) + p(3) + p(4) = 0.486$。当行和列的边缘和相等时，超几何分布是对称的，备择假设的双侧 *p* 值是单侧 *p* 值的倍数。

表1-7　与表1-6边缘和相同的表格的超几何分布

n_{11}	概率(p)	p 值	χ^2
4	0.014	1.000	8.0
3	0.229	0.986	2.0
2	0.514	0.757	0.0
1	0.229	0.243	2.0
0	0.014	0.014	8.0

　　备择假设的双侧 *p* 值是皮尔森 χ^2 统计量至少与观测值一样大的那些表格的概率之和，说明备择假设的双侧 *p* 值使用的是精确小样本卡方分布，而不是大样本卡方分布。表1-7给出了边缘和与表1-6相同的5

个表的 χ^2 统计量，因为只有 3 个不同的值，所以统计量是高度离散的，这与连续卡方分布相差很大。图 1 - 3 绘制了 χ^2 的精确小样本分布。图 1 - 3 显示，当 χ^2 等于 0.0、2.0 和 8.0 时，p 分别为 0.514、0.458 和 0.028。对于观测表 1 - 6，$(n_{11} = 3)$ 是最大值，$p(3) = 0.229$ 也是最大的。当 $\chi^2 = 2.0$ 时，$p = p(0) + p(1) + p(3) + p(4) = 0.014 + 0.229 + 0.229 + 0.014 = 0.486$。这一结果表明 χ^2 的 p 值等于上述各表的概率 $[p(y) \leqslant p(n_{11})]$ 之和。

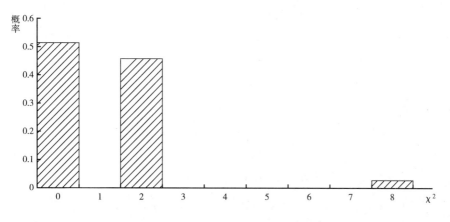

图 1 - 3　表 1 - 6 的皮尔森卡方精确分布

当数值最小的单元格的频次大于 5 时，超几何分布的计算相当烦琐。一种变通的方法是对皮尔森卡方统计量进行耶茨连续校正，这样可以获得卡方分布的 p 值，该值近似费舍尔精确 p 值。但现在不必这样做了，因为有了计算机软件，即使是基于 χ^2 的超几何 p 值的大样本，也可以进行费舍尔精确检验。

对于小样本，因为 n_{11} 只有几个值，所以精确分布是高度分散的，p 值也只有几个。表 1 - 7 显示，对于单侧检验，p 值有 5 个；对于双侧检验，p 值有 3 个。这影响假设检验的错误率。假设我们规定犯 I 类错误（H_0 为真但被否定）的概率是 0.05，也就是说，如果 $p \leqslant 0.05$，我们否定 H_0。可是，由于费舍尔精确检验是离散的，得不到确切的小于等于 0.05 的 p 值。以上述品茶实验的结果为例，单侧小于 0.05 的 p 值

只有在 $n_{11}=4$ 时等于 0.014。如果 H_0 为真，实际的犯 I 类错误的概率是 0.014，而非 0.05。因为实际的错误率小于规定的错误率（0.05），所以费舍尔精确检验是保守的。

以上事实告诉我们，当检验统计量是离散的，而研究人员将检验水平确定在某一水平（例如 0.05）上时，会产生严重问题。对于连续分布的检验统计量而言，p 值都具有区间为 [0, 1] 的 H_0 分布。也就是说，p 可以是 0 和 1 之间的任何值，因此 p 落在确定水平 α 上的概率就等于 α，期望 p 值是 0.5。但是，对于离散分布的检验统计量，其 p 值的 H_0 分布是离散的，而且期望值大于 0.5。仍以品茶实验的结果为例。当 $p(0)=0.014$ 时，p 值等于 0.014；当 $p(1)=0.229$ 时，p 值等于 0.243；等等。根据表 1-7，期望 p 值是：

$$\sum p \times \mathrm{Prob}(p) = 0.014(0.014) + 0.243(0.229) + 0.757(0.514)$$
$$+ 0.986(0.229) + 1.000(0.014) = 0.685$$

这个数值表明，离散分布的 p 值都趋于过大。

为了消除对离散数据检验的保守性，我们可以用 p 中值替代 p 值。具体的做法是：取观测结果的概率的一半加上极端结果的概率，其 H_0 期望概率等同于连续变量的常规 p 值（0.5）。以上述品茶实验的结果为例，n_{11} 的观测结果是 3，极端值是 4，单侧的 p 中值为：

$$p(3)/2 + p(4) = 0.229/2 + 0.014 = 0.129$$

对应的定序 p 值是 0.243。对于基于 χ^2 统计量的双侧检验，p 中值等于：

$$p(\chi^2 = 2)/2 + p(\chi^2 = 8) = 0.257$$

对应的定序 p 值是 0.486。

与定序 p 值的精确检验不同的是，应用 p 中值的检验不能保证犯 I 类错误的概率小于某一确定的值。尽管如此，p 中值检验比费舍尔精确检验的保守性小，是一种较好的方法。对于两种 p 值，最好的做法是将

它们作为否定 H_0 的证据写进调查报告，而不要简单地依据它们否定或肯定 H_0。

表 1-5 的行和列边缘和都是固定的。如果只有行或列的边缘和是固定的，例如行的边缘和是二项固定值，对于这种表格的精确检验，其保守性要比费舍尔精确检验小。

6.3 概率的小样本置信区间

精确推论不仅仅限于检验，同时还可以建构概率的小样本置信区间。费舍尔精确检验的一般形式是对任意值进行零假设检验，$H_0: \theta = \theta_0$。与这一假设相符的是小样本置信区间。也就是说，当 $H_0: \theta = \theta_0$ 时，95% 的置信区间包含了所有 θ_0 的值时，$p > 0.05$，即 H_0 不能在 0.05 的水平上被否定。

正如精确检验一样，小样本置信区间也因数据的离散性而显得保守。原因是，真置信区间不会小于名义置信区间，实际上还更大。例如，与 95% 名义置信区间相对应的真置信区间是 98%。当样本量较小时，名义置信区间和真置信区间之间的差异会相当明显。为了消除真置信区间的保守性，我们可以建构一个与应用 p 中值检验相一致的区间，包含 p 中值大于 0.05 的所有 θ_0 值。该区间较小，但它的实际置信水平只是趋近名义置信区间水平，不一定与其相等。这两种置信区间的计算很复杂，需要使用特殊软件（如 StatXact、Cytel Software 等）。

对于品茶实验数据（表 1-6），真概率的"精确"95% 置信区间等于 (0.21，626.17)；p 中值的置信区间等于 (0.31，308.55)。由于样本小，这两个区间都很大。

6.4 大表格的独立性精确检验

大表格是指行和列大于 2×2 的表格。对于这样的表格，变量独立的精确检验应用多元超几何分布。多元超几何分布也适用于和观测表拥有相同行和列边缘和的一组表格。精确检验不能用手工和计算器来完成，而要使用计算机。研究人员首先要选择一个能描述观测数据和 H_0 之间差距的检验统计量，例如，对于定类变量可以使用 χ^2 作为检验统计量，p 值就是 χ^2 至少等于观测值的 H_0 的概率。不同之处在于，计算时使用精确分布而不是大样本卡方分布。

对于使用大样本近似卡方分布不可靠的表格，可以用软件进行精确检验。软件 StatXact 可以对定类数据做很多精确推论，例如，表 1 – 8 是 3 × 9 表，大多数单元格的频次不是 0 就是 1。对于这张表，$\chi^2 = 22.3$，$df = 16$，χ^2 分布的卡方近似 $p = 0.13$。由于单元格频次太小，我们对 p 值的近似有效性存疑。依靠 StatXact 获得的 χ^2 的精确抽样分布，可以得到精确的 p 值 0.001。这两个 p 值相差很大。

表 1 – 8   3 × 9 表的小样本检验

0	7	0	0	0	0	0	1	1
1	1	1	1	1	1	1	0	0
0	8	0	0	0	0	0	0	0

如果变量是定序的，则可以通过对行和列进行层次赋值的方法，应用统计量 M^2 进行大样本的定序检验，其结果优于其他量度。

7　方差分析

当单个应变量 Y 是制式变量（即定距变量），而单个解释变量 X 或多个解释变量（如 X_1、X_2……）是定类变量时，可以应用方差分析来分析数据。一般来说，方差分析同研究设计、数学模型有内在的联系。

方差分析的目的在于分析一个变量在不同观测组之间均值的差异，不过它不是直接比较各组均值的差异，而是采用方差的比值来判定均值是否存在差异。

方差分析可以用来分析两种不同类型的数据。一种类型的数据是实验数据。比如设计一个简单的有两组被试参加的实验：一组是"对照组"，不给予任何实验处理；另一组是"实验组"，给予一定程度的实验处理。所有被试被随机分配到这两个组中，然后测量两组被试在应变量 Y 上的反应。问题是：实验的处理效应是否存在？也就是说，在应变量 Y 上两组被试的均值是否一致，如果均值不一致就说明处理效应存在。另一种类型的数据是观察数据。比如在一项问卷调查中，我们可能会询问被访者的户籍类型和收入，以便研究户籍制度对居民收入的影响。运用方差分析分析两种类型的数据的计算方法并无不同。不过，对于观察数据，我们很难事先假定解释变量同应变量之间存在因果关系。原因是：被访者事先并没有被随机分配到不同的户籍类型中，然后再由我们来询问他们的收入。这样，即使发现有收入上的差异，也无法确定这一差异是由户籍差异引起的，还是由其他某些同户籍制度相关的变量引起的。而在实验设计中，借助处理环节的随机分配，其他变量的效应倾向于相互抵消。

方差分析模型与定性数据的对数线性模型有相似之处，掌握了方差分析的内涵，有利于我们分析对数线性模型。

7.1 固定效应的一维方差分析模型

固定效应的一维方差分析模型设定，应变量 Y 的一个观测值是三个部分之和，即：

观测值 = 常数 + 特定组的效应（解释变量 X 的效应）+ 残差

其数学表达式是：

$$Y_{ij} = \mu + \alpha_i + \varepsilon_{ij} \tag{1-15}$$

Y_{ij} 表示第 i 组的第 j 个数据的观测值；μ 是常数；α_i 是被分在第 i 组的效应；ε_{ij} 是残差变量的效应，是所有其他变量（包括测量误差）的净效应。模型设定要求残差项是独立的，且 $\varepsilon \sim N(0, \sigma^2)$。

固定效应的一维方差分析模型需要估计参数 μ 和 α_i，并通过对残差项的研究，评估模型的拟合度。

"总体组均值相等"这一统计零假设等价于命题：α 等于零，因为 α 测量的是组间差异。当残差服从正态分布时，这个假设可以用 F 值来检验。

我们可以用下面的例子对固定效应的一维方差分析模型具体予以具体说明。

表1-9给出了三种不同的企业——国有企业、私营企业和外资企业——中，员工每小时收入的数据。每组有10个样本，数据是虚构的。我们需要比较的是各组的每小时收入之间是否有差异。

表1-9 一维方差分析表的观测值

组 别	观测值	合计	均值	个案数
国有企业	5、4、5、6、7、6、5、6、8、4	56	5.60	10
私营企业	10、10、9、12、8、7、9、13、9、10	97	9.70	10
外资企业	11、16、10、17、18、19、15、15、14、13	148	14.80	10
总 计		301	10.03	30

资料来源：中国社会科学院社会学研究所的社会调查。

分析步骤如下：30个观测值有不同的取值，测量它们之间差异大小的一种方法是，从每个观测值中减去总均值 $\bar{Y} = 10.03$，然后求每一差值的平方，再把所有的平方相加，得到"总平方和"（TSS）：

$$TSS = \sum (Y_{ij} - \bar{Y})^2 = (5 - 10.03)^2 + (4 - 10.03)^2 + \cdots$$
$$+ (14 - 10.03)^2 + (13 - 10.03)^2 = 542.97$$

计算这一总平方和的另一种更简单、更精确的方法是：

$$TSS = \sum Y_{ij}^2 - (\sum Y_{ij})^2/n$$
$$= (5^2 + 4^2 + \cdots + 14^2 + 13^2) - (5 + 4 + \cdots + 14 + 13)^2/30$$
$$= 3563 - 3020.03 = 542.97$$

各组均值之间的差异程度，可用"组间平方和"（BSS）来测量。组间平方和的计算方法是：先用每组均值 $\bar{Y}_i$ 减去总均值 $\bar{Y}$，然后求差值的平方，再乘以该组的观测值个数 n_i，最后再把所有乘积相加。其公式为：

$$BSS = \sum n_i(\overline{Y}_i - \overline{Y})^2$$
$$= 10(5.6 - 10.03)^2 + 10(9.7 - 10.03)^2 + 10(14.8 - 10.03)^2$$
$$= 424.87$$

"组内平方和"（RSS）即残差平方和的计算方法如下：

$$RSS = TSS - BSS = 542.97 - 424.87 = 118.10$$

总平方和的自由度等于观测值的总数减去 1，组间平方和的自由度等于组数减去 1，残差平方和的自由度等于观测值总数减去组数。因而有：

$$N - 1 = (k - 1) + (N - k)$$
$$总自由度 = 组间自由度 + 组内自由度$$

其中，N 表示观测值的总数，k 表示组数。

比较观测值的各组均值之间是否有差异，不是固定效应模型的主要用途。更令人感兴趣的问题是：总均值是否有差异？零假设是总均值相等，可以用 F 值对假设进行检验。F 值是分组均值平方与残差均值平方的比值：

$$F = \frac{BSS(k-1)}{RSS(N-k)} = \frac{424.87/2}{118.10/27} = \frac{212.44}{4.37} = 48.61$$

查 F 分布表可知，当自由度为 2 和 27、显著性水平为 0.05 时，若要否定零假设，F 值必须大于 3.35。如果显著性水平更小一些，如 0.01，F 值就必须大于 5.49。由于观测到的临界值远远大于两个临界点，所以总均值相等的零假设可以被否定。如果总均值真的相等，那么 F 值大于或等于 48.57 的概率几乎为零。这为"总均值不相等"的结论提供了有力的证据。

方差分析模型要求残差项是独立的，且服从正态分布。因此还应当检验残差中任何不同寻常的数值（如单个极值）以及它服从正态分布的程度。表 1 - 10 给出了分组残差、残差平方和与自由度。

表 1 – 10 分组残差、残差平方和与自由度

组　别	残差	平方和	自由度
国有企业	-0.6、-1.6、-0.6、0.4、1.4、0.4、-0.6、0.4、2.4、-1.6	14.4	9
私营企业	0.3、0.3、-0.7、2.3、-1.7、-2.7、-0.7、3.3、-0.7、0.3	28.1	9
外资企业	-3.8、1.2、-4.8、2.2、3.3、4.2、0.2、0.2、-0.8、-1.8	75.6	9
总　计		118.1	27

资料来源：中国社会科学院社会学研究所的社会调查。

上面 30 项残差的分布如图 1 – 4 所示。

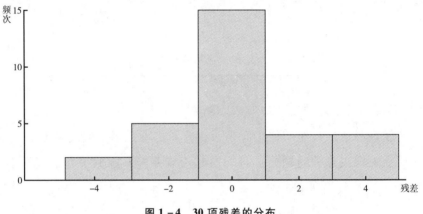

图 1 – 4　30 项残差的分布

资料来源：中国社会科学院社会学研究所的社会调查。

这是一个均值为零、单峰分布的变量，基本上符合正态分布的形式。

同样可以计算组别和每小时收入变量之间的相关系数比。计算方法如下：

$$E^2 = (TSS - RSS)/TSS = (542.97 - 118.10)/542.97 = 0.78$$

这个数值表示，如果知道了观测值的组别，将解释应变量 78% 的变异。

7.2　固定效应的二维方差分析模型

应变量可能不只受到一个解释变量的影响。当应变量受到两个不同的因素影响时，或者一个解释变量对应变量的影响随着某个条件的变化而变

化时，就需要采用二维方差分析。如果在每一个因素的所有类别上，解释变量都有观测值，则使用固定效应的二维方差分析模型。固定效应的二维方差分析模型以自然语言可表述为：

观测值 ＝ 总均值 ＋ 行效应 ＋ 列效应 ＋ 行列的交互效应 ＋ 残差变量的效应

其数学表达式是：

$$Y_{ijk} = \mu + \alpha_i + \beta_j + \gamma_{ij} + \varepsilon_{ijk} \tag{1 – 16}$$

其中，μ 是一个常数，α_i 代表行变量的第 i 类的效应，β_j 代表列变量的第 j 类的效应，γ_{ij} 是行变量的第 i 类和列变量的第 j 类的交互效应，ε_{ijk} 是残差变量的效应。

在这个模型中，μ、α、β、γ 都是参数，依据特定的样本可以得到这些参数的估计值，求估计值要借助最小残差平方和。

1. 假设检验

如果解释变量对应变量有任何效应，相应的 α、β、γ 都不等于零。如果这些参数的真值未知，我们可以用观测到的数据和估计的参数值来检验有关参数的假设，从而得出它们是否等于零的结论。

设行变量有 r 个类别，行效应不存在的零假设可以表示为：

$$H_o : \alpha_1 = \alpha_2 = \cdots = \alpha_r (= 0)$$

设列变量有 c 个类别，列效应不存在的零假设可以表示为：

$$H_0 : \beta_1 = \beta_2 = \cdots = \beta_c (= 0)$$

二维方差分析同一维方差分析的一个首要的区别是需要检验所有交互效应是否等于零。其零假设可以表示为：

$$H_0 : \gamma_{11} = \gamma_{12} = \cdots = \gamma_{rc} (= 0)$$

上述假设都可用统计方法计算 F 值予以检验。行变量的 F 值有 $r-1$ 和 $n-rc$ 个自由度。F 的临界值可以从 F 表中标为 $n-rc$ 行、$r-1$ 列的单元格中查得。列变量的 F 值有 $c-1$ 和 $n-rc$ 个自由度。交互效应的 F 值有

$(r-1)(c-1)$ 和 $n-rc$ 个自由度。

如果交互效应检验结果不显著，那么，可以把这一结果放在形式模型中，将交互效应从模型中删除。这样，形式模型就变为下面的方程：

$$Y_{ijk} = \mu + \alpha_i + \beta_j + \varepsilon_{ijk}$$

比起含有交互效应的模型，这是一个更简单的累加模型。此时，任何一个观测值只取决于它所在行的效应，加上列效应，再加上残差变量的效应。在这种情况下，残差平方和需要重新计算。将交互平方和与残差平方和相加，总和即是新的"残差平方和"。新残差平方和的自由度等于交互效应的自由度 $(r-1)(c-1)$，加上旧残差效应的自由度 $n-rc$，即得到 $n-r-c+1$。新残差平方和除以其自由度，得到新残差均值平方；它通常小于旧残差均值平方，从而导致行和列效应的 F 值变大。

下面，我们同样以一个具体的例子来说明固定效应的二维方差分析模型的应用。表 1-11 给出了在不同的城市类型和企业类型中，员工每小时的收入，每个单元格都有 10 个样本。

表 1-11　分企业类型和城市类型的员工每小时收入及均值

	外资企业	国有企业	私营企业	均值
小型城市	13、13、16、13、12、15、16、12、17、13　(14.0)	12、14、12、12、10、12、12、9、13、11　(11.7)	9、9、8、9、9、9、11、9、9、9　(9.1)	11.60
中等城市	17、17、15、15、16、19、16、17、17、18　(16.7)	13、12、13、14、12、13、12、14、13、13　(12.9)	10、11、10、10、9、10、9、10、11、10　(10.0)	13.20
大型城市	20、21、22、21、21、21、21、22、22、20　(21.1)	27、25、22、23、25、24、25、23、25、23　(24.2)	12、12、11、11、12、12、11、12、14、14　(12.1)	19.13
均　值	17.27	16.27	10.40	14.65

资料来源：中国社会科学院社会学研究所的社会调查。

2. 两变量的组合效应

二维方差分析的操作可分解为以下几个步骤。第一步是测量两个解释变量的总组合效应，做法是：依据一个组合变量（本例中的组合变量是"企业类型-城市类型"变量）把所有的数据展开，然后用一维方差分析来测量组合变量的效应。一般情况下，若有两个解释变量 A 和 B，其中 A 有 r 类，B 有 c 类，那么，A 和 B 的组合变量的类别数就等于 rc。令 n_{ij} 表示单元格 ij（由变量 A 的第 i 类和变量 B 的第 j 类联合界定）中观测值的数目。A 和 B 的组合变量的平方和可以根据下式计算：

$$SS(A\&B) \ = \ \sum n_{ij}(\overline{Y}_{ij} - \overline{Y})^2$$

总平方和的算法，与一维方差分析相同，等于每个观测值减去总均值，将所得之差平方后再相加。残差平方和等于总平方和减去组合变量的平方和。表 1 - 11 数据的计算结果如下（见表 1 - 12）。

表 1 - 12　分企业类型和城市类型的员工每小时收入的一维方差分析

来源	平方和	自由度	均值平方	F 值	显著性
组间	2081. 22	8	260. 15	188. 51	0. 0000
组内	111. 40	81	1. 38		
合计	2192. 62	89	261. 53		

资料来源：中国社会科学院社会学研究所的社会调查。

第二步是把组合变量的平方和分解为几个独立的部分。一般情况下，在一个有 r 行 c 列的数据表中，A 和 B 组合变量的平方和可以被分解为三部分。变量 A 的平方和，可以用下式计算：

$$SSA \ = \ \sum n_{i.}(\overline{Y}_{i.} - \overline{Y})^2$$

其中，$n_{i.}$ 表示 A 变量中第 i 类观测值的数目，$\overline{Y}_{i.}$ 表示 A 变量中第 i 类观测值的均值。SSA 有 $r - 1$ 个自由度。同样，变量 B 的平方和可以用下式计算：

$$SSB \ = \ \sum n_{.j}(\overline{Y}_{.j} - \overline{Y})^2$$

其中，$n_{.j}$ 表示 B 变量中第 j 类观测值的数目，$\overline{Y}_{.j}$ 表示 B 变量中第 j 类观测值的均值。SSB 有 $c - 1$ 个自由度。AB 交互变量的平方和可以用 AB 组合变量的平方和减去 A 和 B 各自的平方和，即：

$$交互\ SS\ =\ SS(A\&B)\ -\ SSA\ -\ SSB$$

其自由度为 $(rc-1)-(r-1)-(c-1)=(r-1)(c-1)$。

通常将二维方差分析的结果列在一张方差分析表中，笔者已将本例的结果列在表 1-13 中，包括平方和、自由度、均值平方和 F 值。均值平方等于平方和除以相应的自由度，F 值等于前三个均值平方除以残差均值平方。表1-13 下面还给出了不同变量的 4 个 E^2 值（即各自变量的平方和除以总平方和），它测量的是不同变量与应变量之间关系的强度。

表 1-13　方差分析表

来　源	平方和	自由度	均值平方	F 值	显著性
城市类型	945. 15	2	472. 58	343. 61	0. 0000
企业类型	825. 69	2	412. 85	300. 18	0. 0000
交互效应	310. 38	4	77. 60	56. 42	0. 0000
残　差	111. 40	81	1. 38		
合　计	2192. 62	89			

资料来源：中国社会科学院社会学研究所的社会调查。

$$城市类型\ E^2\ =\ 945.\ 15/2192.\ 62\ =\ 0.\ 43$$
$$企业类型\ E^2\ =\ 825.\ 69/2192.\ 62\ =\ 0.\ 38$$
$$交互效应\ E^2\ =\ 310.\ 38/2192.\ 62\ =\ 0.\ 14$$
$$残\quad 差\ E^2\ =\ 111.\ 40/2192.\ 62\ =\ 0.\ 05$$

表 1-13 显示，所有三个变量——城市类型、企业类型和交互效应，对员工每小时的收入均有显著影响。显著性最强的变量是城市类型，它与应变量之间的相关程度也最高。

3. 特定行、列的变量和单元格的观测值的效应

上面已经讲了，单元格中任何一个观测值都受到四种效应的影响：①行变量的效应；②列变量的效应；③行变量和列变量的交互效应；④残差变量，即所有其他变量的效应。假定对任何特定的观测值而言，这四种效应是累加的，我们就可以测量变量对每一类别的效应。测量的方法是按下列步骤将观测值进行分解。

第一步，从每个观测值中减去总均值 $\bar{Y}$（ = 14.64）。第二步，求行变量对每一类别的效应。设定 $\hat{\alpha}_i$ 表示行变量对第 i 行的效应，行变量对每一行的效应可以用下面的公式计算：

$$\hat{\alpha}_i = \bar{Y}_{i.} - \bar{Y}$$

第三步，求列变量对每一列的效应。同样，设定 $\hat{\beta}_j$ 表示列变量对第 j 列的效应，列变量对每一列的效应可以用下面的公式计算：

$$\hat{\beta}_j = \bar{Y}_{.j} - \bar{Y}$$

第四步，求行变量和列变量的交互效应。设 $\hat{\gamma}_{ij}$ 表示第 i 行与第 j 列的交互效应，可用下面的公式计算每个单元格的交互效应：

$$\hat{\gamma}_{ij} = \bar{Y}_{ij} - \bar{Y}_{i.} - \bar{Y}_{.j} + \bar{Y}$$

根据上面的公式，我们可以求城市类型、企业类型以及它们的交互效应对每一行、列的变量和单元格的观测值的效应。结果如表 1 – 14 所示。

表 1 – 14　特定行、列的变量和单元格的观测值的效应

$\hat{\gamma}_{11} = -0.23$	$\hat{\gamma}_{12} = -1.53$	$\hat{\gamma}_{13} = 1.74$	$\hat{\alpha}_1 = -3.04$
$\hat{\gamma}_{21} = 0.87$	$\hat{\gamma}_{22} = -1.93$	$\hat{\gamma}_{23} = 1.04$	$\hat{\alpha}_2 = -1.44$
$\hat{\gamma}_{31} = -0.66$	$\hat{\gamma}_{32} = 3.44$	$\hat{\gamma}_{33} = -2.79$	$\hat{\alpha}_3 = 4.49$
$\hat{\beta}_1 = 2.63$	$\hat{\beta}_2 = 1.63$	$\hat{\beta}_3 = -4.24$	

4. 残差变量

我们用每一个观测值减去特定行、列的变量和单元格的观测值的效应可以得到残差变量的效应。同样，每一个观测值的残差还等于观测值减去其所在单元格的均值之差。方差分析的形式假设要求残差的频次分布基本上服从正态分布。这里的数值只是残差变量的估值，但如果真实的残差的频次分布基本上服从正态分布，那么，残差估计值也应逼近正态分布。

F 检验需要正态性的假设。但经验表明，如果残差分布只是略微偏离

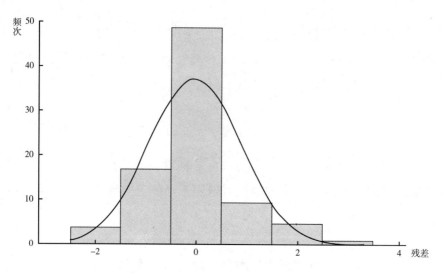

图 1-5　残差的频次分布基本上服从正态分布

正态，那么它不会对 F 检验产生不利影响。因此，F 检验是稳健的，但仍有必要考察残差的分布形态。要注意残差分布的偏斜程度，以及是否有远离其他数据的游离值。

上述两种模型都是所谓的"固定效应模型"，还有一类模型被称作"随机效应模型"。随机效应模型与固定效应模型的主要区别在于，在随机效应模型中，应变量不必在解释变量的每一个类别上都有观测值。随机效应模型可被应用于这样的情形：应变量只在解释变量的部分类别上有数据。如果有两个或更多的解释变量，其中应变量在一部分解释变量的所有类别上都有数据，而在另一部分解释变量的个别类别上有数据，这时就可能需要使用"混合模型"，它既能解释某些固定效应，也能解释某些随机效应。

此外，随着解释变量数量的增加，我们将遇到在复杂性不断增加的情境下测量数据的问题。为了简化数据收集的程序，降低成本，可以使用更为特殊的设计，比如"拉丁方设计"。有关随机效应模型、混合效应模型，以及拉丁方设计，读者可以参考有关方差分析和实验设计的更为专门的书籍，此处从略。

第 $\mathcal{2}$ 章

多维列联表

在研究解释变量 X 对应变量 Y 的作用时，我们必须控制影响两个变量关系的其他变量。换言之，在研究 X 对 Y 的作用时，我们要使其他变量保持恒定，否则观测到的 X 对 Y 的作用实际上是其他变量对 X 和 Y 的作用。

为了研究性别与受教育程度的关系，我们采用截面研究，比较男性的受教育程度和女性的受教育程度的概率。要做到这一点，我们必须控制影响受教育程度和性别的相关变量，如家庭经济水平、居住地等。不控制这些变量，分析结果将毫无意义。

1 三维列联表的变量关联和控制

含有控制变量的三维统计分析被称为多元分析。本章将二维列联表的研究方法应用于多维列联表，其主要内容是在控制一个变量 Z 的情况下，分析变量 X 和 Y 的关联。换言之，就是在 Z 保持恒定的情况下，研究 X – Y 的关系。因为三维列联表的控制方法适用于其他多维列联表，所以我们以三维列联表为例，说明控制变量的方法。

1.1 偏关联

控制变量 Z 的不同层次或类别，三维列联表可以用一组横截面为 $X-Y$ 的二维列联表表示。这类二维列联表被称为分表，体现了在 Z 的一定类别或层次上 $X-Y$ 的关系，从而在控制 Z 的条件下，显示 X 对 Y 的作用。分表通过控制变量 Z 为恒量的方法，可以消除它的变化所带来的影响。

通过将分表合并而获得的二维列联表被称为边际表，边际表单元格的频次是各分表对应单元格频次之和。边际表忽略了 Z 变量，不再保留它的单独信息，只是隐含 Z 的影响的 X 和 Y 的二维列联表。边际表和二维列联表一样，其各种统计方法不考虑其他变量的作用。

因为 X 对 Y 的作用是在 Z 的一定层次或类别的条件下的结果，所以分表的变量之间的关联叫做条件关联，也称偏关联。分表的条件关联可能和边际表的关联相差很大，因此只分析多维列联表的一个边际表会产生严重错误。

表 2-1 包括三个变量：$S=$ 高等教育，含两个类别（是，否）；$G=$ 被调查者的性别（男，女）和 $L=$ 被调查者的居住地（城，乡），以上三个变量都含有两个类别。因此，表 2-1 是一张含有两行、两列和两层的 $2 \times 2 \times 2$ 三维列联表。我们研究的内容是被调查者的性别对高等教育的影响，被调查者的居住地是控制变量。如果将变量"居住地"取消，表 2-1 就还原为表 1-1，或者说表 1-1 是表 2-1 的边缘表。

表 2-1 高等教育、性别和居住地

性别	居住地	高等教育		高等教育
		是	否	百分比（%）
男	城	447	1231	26.64
	乡	24	562	4.10
女	城	392	1517	20.53
	乡	18	561	3.11
总数				
男		471	1793	20.80
女		410	2078	16.48

资料来源：中国社会科学院社会学研究所的社会调查。

在表 2 - 1 中，城市男性接受高等教育的比例比乡村男性高 22.54 个百分点。同样，城市女性接受高等教育的比例比乡村女性高 17.42 个百分点。因此，控制被调查者的居住地，城市居民接受高等教育的平均比例比乡村居民高 19.79 个百分点。

以被调查者的居住地为控制变量，表 2 - 1 有两个 2×2 分表，分别列出了被调查者接受高等教育的百分比。这些数字可以被用来描述在控制被调查者居住地的条件下，被调查者的性别和接受高等教育之间的条件关联。例如，当居住地为城市时，接受高等教育的男性比接受高等教育的女性多 6.11%。当居住地是乡村时，接受高等教育的男性比接受高等教育的女性多 0.99%。数字表明，在控制被调查者居住地的条件下，男性被调查者接受高等教育的比例均高于女性。比较而言，城市在接受高等教育方面的性别差异高于乡村 5.12 个百分点。

表 2 - 1 的"总数"部分是边际表，是通过把两个 2×2 分表相加得到的。边际表显示，男女接受高等教育的百分比分别为 20.80% 和 16.48%。两个分表说明，当忽略被调查者的居住地时，会掩盖在接受高等教育方面存在性别差异的实际情况。同时，边际表掩盖了一个更为重要的事实——高等教育和居住地的关系。以上的分析结果提示我们：对乡村来说，需要解决的问题是如何提高整体接受高等教育的百分比；对城市来说，需要解决性别差异问题。

表 2 - 2 包含了边际关联和偏关联。边际关联是在忽略第三个变量的条件下，重视其他两个变量之间的比率。

表 2 - 2　高等教育、性别和居住地的概率比

关联		变量		
		S - G	S - L	G - L
边际		1.33	8.16	0.87
偏（部分）	类别 1	1.41	8.50	0.86
	类别 2	1.33	8.05	0.81

资料来源：中国社会科学院社会学研究所的社会调查。

例如，高等教育－性别关联（$S-G$）：

$$\theta_{S-G} = \frac{471 \times 2078}{410 \times 1793} = \frac{978738}{735130} = 1.33$$

高等教育－居住地关联（$S-L$）：

$$\theta_{S-L} = \frac{(447 + 392) \times (562 + 561)}{(24 + 18) \times (1231 + 1517)} = \frac{942197}{115416} = 8.16$$

性别－居住地关联（$G-L$）：

$$\theta_{G-L} = \frac{(447 + 1231) \times (18 + 561)}{(24 + 562) \times (392 + 1517)} = \frac{971562}{1118674} = 0.87$$

偏关联是在控制第三个变量的条件下，计算其他两个变量之间的比率值。例如：控制居住地，高等教育－性别偏关联（$S-G$）：

类别1 $\quad \theta_{S-G(L1)} = \frac{447 \times 1517}{392 \times 1231} = \frac{678099}{482552} = 1.41$

类别2 $\quad \theta_{S-G(L2)} = \theta_{G-L(2)} = \frac{24 \times 561}{562 \times 18} = \frac{13464}{10116} = 1.33$

控制性别，高等教育－居住地偏关联（$S-L$）：

类别1 $\quad \theta_{S-L(G1)} = \frac{447 \times 562}{24 \times 1231} = \frac{251214}{29544} = 8.50$

类别2 $\quad \theta_{S-L(G2)} = \frac{392 \times 561}{18 \times 1517} = \frac{229912}{27306} = 8.05$

控制高等教育，性别－居住地偏关联（$G-L$）：

类别1 $\quad \theta_{G-L(S1)} = \frac{447 \times 18}{24 \times 392} = \frac{8046}{9408} = 0.86$

类别2 $\quad \theta_{G-L(S2)} = \frac{1231 \times 561}{562 \times 1517} = \frac{690591}{852554} = 0.81$

边际表和分表的统计数据显示，高等教育和居住地的关联是最强的，也就是说，无论是否控制第三个变量，边际关联表和偏关联分表的变量关系的方向都是一致的。表2－1的边际关联表（表1－1）只有高等教育和性别一对变量，没有反映出与高等教育关系更为重要的变量。如果研究性别和高等教育的关系，至少要在控制居住地的条件下，才能真实地反映在接受高等教育上的性别差异。

在某些情况下，边际表和分表的关联方向相反（一个统计量大于 1，另一个统计量小于 1），说明在控制 Z 的条件下获得的 $X-Y$ 偏关联和不控制 Z 的 $X-Y$ 边际关联可能方向相反。

由于社会的复杂性，社会学者在研究变量间的关系时，至少要考虑三个变量，否则会忽略真正的社会问题。

1.2　条件和边际比率

条件和边际关联可以用比率表示。在 $2 \times 2 \times k$ 三维列联表中，k 表示控制变量 Z 的类别或层次数目，$\{n_{ijk}\}$ 表示观测频次，$\{m_{ijk}\}$ 表示期望频次。

在 k 为 Z 的一确定类别或层次时，条件 $X-Y$ 关联等于：

$$\theta_{XY(k)} = \frac{m_{11k}m_{22k}}{m_{12k}m_{21k}}, \qquad k = 1,2,3,4 \qquad (2-1)$$

式中，$\{\theta_{XY(k)}\}$ 是 k 类别或层次分表的四个期望频次的比率。所有 K 的分表比率统称为 $X-Y$ 条件比率。

由于边际表没有控制第三个变量，其比率可能与条件比率有很大差异。将 Z 各类别或层次的对应期望频次加总，就可以得到 $X-Y$ 边际表的期望频次 $\{m_{ij+} = \sum_k m_{ijk}\}$。$X-Y$ 边际比率为：

$$\theta_{XY} = \frac{m_{11+}m_{22+}}{m_{12+}m_{21+}}$$

用抽样样本单元格频次替代公式中的期望频次，就得到 $\theta_{XY(k)}$ 和 θ_{XY} 的抽样样本估计值。

我们以性别和高等教育的关联为例，说明样本的条件和边际比率的计算方法。根据表 2-1，第一个分表的居住地是城市，其估计比率等于：

$$\hat{\theta}_{XY(1)} = \frac{447 \times 1517}{392 \times 1231} = 1.41$$

该值表示，在城市，男性接受高等教育的样本比率是女性的 1.41 倍。第二个分表的居住地是乡村，其估计比率等于：

$$\hat{\theta}_{XY(2)} = \frac{24 \times 561}{18 \times 562} = 1.33$$

该值表示，在乡村，男性接受高等教育的样本比率是女性的 1.33 倍。

还有一个表是边际表，没有控制被调查者的居住地，其估计比率等于：

$$\hat{\theta}_{XY(3)} = \frac{471 \times 2078}{410 \times 1793} = 1.33$$

该值表示，男性接受高等教育的样本比率是女性的 1.33 倍。因为在分表和边际表中，变量关联的方向没有变，所以 $\{\hat{\theta}_k\}$ 之间的变化不大。

1.3 边际和条件独立

设三个变量是 X、Y 和 Z，单元格概率 π_{ijk}（$i = 1$，$\cdots$，r，$j = 1$，$\cdots$，c，$k = 1$，$\cdots$，l），总概率 $\sum_i \sum_j \sum_k \pi_{ijk} = 1.0$。在 Z 的层次为 k（$1 \leqslant k \leqslant l$）的条件下，$X$ – Y 的条件关联可以用一组比率表示：

$$\frac{\pi_{ijk} \pi_{rck}}{\pi_{ick} \pi_{rjk}} \qquad 1 \leqslant i \leqslant r-1, \quad 1 \leqslant j \leqslant c-1$$

还可以用一组局域比率表示：

$$\theta_{ij(k)} = \frac{\pi_{ijk} \pi_{i+1,j+1,k}}{\pi_{i,j+1,k} \pi_{i+1,j,k}} \qquad 1 \leqslant i \leqslant r-1, \quad 1 \leqslant j \leqslant c-1 \qquad (2-2)$$

两种比率的不同之处是，公式 2 – 2 的比率是分表相邻两行和相邻两列的概率之比，所以当 X 和 Y 是定序变量时，这种比率特别有用。对于 Z 的每一类别或层次，$(r-1)(c-1)$ 个比率决定所有由相邻两行和相邻两列组成的比率。将 Z 各类别或层次的比率加总，一共有 $l(r-1)(c-1)$ 个比率。同理，在 Y 的每一层次，X – Z 条件关联可以用 $(r-1)(l-1)$ 个局域比率表述；在 X 的每一层次，Y – Z 的条件关联可以用 $(c-1)(l-1)$ 个局域比率表述。

如果在 Z 的某一类别或层次，$(r-1)(c-1)$ 个 $\theta_{ij(k)}=1$，那么 X 和 Y 在该类别或层次相互独立。如果在 Z 的各类别或层次，$l(r-1)(c-1)$ 个 $\theta_{ij(k)}=1$，那么 X 和 Y 彼此完全独立。

表 2 – 3　假设的数据，说明偏关联的变量独立但并不意味着边际变量独立

性别	居住地	高等教育	
		是	否
男	城	540	360
	乡	360	240
女	城	60	240
	乡	240	960
总　数	城	600	600
	乡	600	1200

上一节已经指出偏关联不等同于边际关联，即使 X 和 Y 在 Z 的各类别或层次都独立，边际变量也不一定独立，表 2 – 3 的数据证明了这一点。表 2 – 3 的三个变量是：S = 高等教育（是，否），L = 居住地（城，乡），G = 性别（男，女）。控制 G 的类别，S – L 的比率分别为：

$$\theta_{11(1)} = \frac{540 \times 240}{360 \times 360} = 1$$

$$\theta_{11(2)} = \frac{60 \times 960}{240 \times 240} = 1$$

这说明，在控制性别的条件下，高等教育和居住地无关联。但是，边际变量的比率为：

$$\theta_{ij} = \frac{600 \times 1200}{600 \times 600} = 2$$

这说明，删除变量"性别"后，变量高等教育和居住地不独立。该值表示城市居民接受高等教育的比率是乡村居民的 2 倍。控制 S，G – L 的比率分别为：

$$\theta_{1(1)1} = \frac{540 \times 240}{60 \times 360} = 6$$

$$\theta_{1(2)1} = \frac{360 \times 960}{240 \times 240} = 6$$

控制 L，S-G 的比率分别为：

$$\theta_{(1)11} = \frac{540 \times 240}{60 \times 360} = 6$$

$$\theta_{(2)11} = \frac{360 \times 960}{240 \times 240} = 6$$

这说明，在控制居住地的条件下，接受高等教育的城市男性的比率是城市女性的 6 倍，接受高等教育的乡村男性的比率是乡村女性的 6 倍。总之，城市男女接受高等教育的比率较高。

1.4 边际关联和偏关联相等的条件

上一节强调边际关联和偏关联的差异。然而在一定条件下，分表和边际表的 X-Y 关联相等。如果各分表的 X-Y 关联相等，就可以将控制变量的各类别或层次合并，研究简单的边际关联。合并的条件是：如果满足以下一个或两个条件，X-Y 的边际比率等于 Z 各类别或层次的 X-Y 偏比率：

（1）在 Y 的各层次，Z 和 X 条件独立；

（2）在 X 的各层次，Z 和 Y 条件独立。

以上条件用比率表示，如果

$$\theta_{i(j)k} = 1, \quad 1 \leqslant i \leqslant r-1, 1 \leqslant j \leqslant c, 1 \leqslant k \leqslant l-1$$
$$\theta_{(i)jk} = 1, \quad 1 \leqslant i \leqslant r, 1 \leqslant j \leqslant c-1, 1 \leqslant k \leqslant l-1$$

则合并条件得到满足：

$$\theta_{ij}^{XY} = \theta_{ij(1)} = \cdots = \theta_{ij(k)}, \quad 1 \leqslant i \leqslant r-1, 1 \leqslant j \leqslant c-1$$

以上 $\theta_{ij(k)}$ 表示局域比率，θ_{ij}^{XY} 表示对应的边际比率。根据以上结论，又可以得出以下推论：如果 X 和 Y 在 Z 各类别或层次的偏关联不等于边际关联，那么，Z 和 X 在 Y 的各类别或层次不具备条件独立，并且 Z 和 Y 在 X 的各类别或层次也不具备条件独立。

1.5 三因子交互

当合并条件得到满足时，所有 X-Y 偏关联等于边际关联，即对任意

的 i 和 j，l 个比率 $\{\theta_{ij(k)}, k = 1, \cdots, l\}$ 相等。对三维列联表而言，这就意味着没有三因子交互项。换言之，不存在三因子交互项，X 和 Y 在 Z 各类别或层次的关联相等：

$$\theta_{ij(1)} = \theta_{ij(2)} = \cdots = \theta_{ij(k)} \qquad (2-3)$$

当式 2-3 成立时，$X-Z$ 在 Y 各层次的关联和 $Y-Z$ 在 X 各层次的关联也必然分别相等。如果一对变量条件独立，则三因子交互项不存在。但是，三因子交互项不存在，三对变量却都可能关联，或者只有一两对变量条件独立。如果三因子交互项存在，则三对变量都不会条件独立。

1.6 三元变量的层序结构

三维列联表的局域关联有各种模式，例如条件独立和交互等。我们以三维列联表为例，说明 5 种变量关联和三因子交互项的层序结构。

（1）三对变量条件独立：

控制 Z，X 独立于 Y；

控制 Y，X 独立于 Z；

控制 X，Y 独立于 Z。

（2）两对变量条件独立：

控制 Y，X 独立于 Z；

控制 X，Y 独立于 Z；

控制 Z，X 和 Y 条件关联。

（3）一对变量条件独立：

控制 Y，X 独立于 Z；

控制 Z，X 和 Y 条件关联；

控制 X，Y 和 Z 条件关联。

（4）三个变量两两关联，但是没有三因子交互项。

（5）三因子交互项存在，因此三个变量两两不独立，两个变量的关联与第三个变量的类别或层次相关。

2 三维列联表的统计分析

本节将探讨 $2 \times 2 \times k$ 三维列联表的推论分析,介绍 k 个条件比率和共同比率的独立检验,并且说明如何将 k 个分表的样本比率合并为偏关联的单一量度。

2.1 条件关联

条件关联分析被广泛应用于多元数据,例如,表 2-4 是城市和乡村男女是否接受高等教育和性别关系的研究。变量依次为:控制变量 Z——城市和乡村,解释变量 X 含两个类别"男"和"女",应变量 Y 含两个类别——"是"和"否"。城市和乡村的被调查者可能因社会经济条件的不同而影响性别比例和是否接受高等教育的比例,所以我们要在控制分表 k 的条件下,研究解释变量 X 和应变量 Y 的关联。

表 2-4 三维变量的条件关联

地区	性别	高等教育		概率比	m_{11k}	$Var(n_{11k})$
		是	否			
城市	男	447	1231	1.41	392.48	160.07
	女	392	1517			
乡村	男	24	562	1.33	21.13	10.13
	女	18	561			

资料来源:中国社会科学院社会学研究所的社会调查。

对于 $2 \times 2 \times k$ 三维列联表,H_0 假设是:在 Z 确定时,X 和 Y 条件独立,即:在 k 的两个分表中,X 和 Y 的条件比率 $\theta_{XY(k)}$ 都等于 1。标准抽样模型将单元格频次规定为:①独立泊松变量;②固定的总样本量的多元频次;③分表的固定样本量的多元频次,并且各分表的频次是独立的;④在行总数固定的分表中,是独立的二项样本。在分表 k 中,行总数为 $\{n_{1+,k},$

$n_{2+,k}$，列总数为 $\{n_{+1,k}, n_{+2,k}\}$。当行和列总数给定时，所有以上抽样规定对于第一行和第一列的单元格频次 n_{11k}，将产生超几何分布。分表的 n_{11k} 决定单元格的频次，检验统计量在各分表以 n_{11k} 为准。

根据 H_0，n_{11k} 的期望频次和变量为：

(1) $m_{11k} = E(n_{11k}) = \dfrac{n_{1+k}n_{+1k}}{n_{++k}}$

$m_{11k} = E(n_{11k}) = \dfrac{839 \times 1678}{3587} = 392.48$　　（城市）

$m_{11k} = E(n_{11k}) = \dfrac{42 \times 586}{1165} = 21.13$　　（乡村）

(2) $Var(n_{11k}) = \dfrac{n_{1+k}n_{2+k}n_{+1k}n_{+2k}}{n_{++k}^2(n_{++k}-1)}$

$Var(n_{11k}) = \dfrac{1678 \times 1909 \times 839 \times 2748}{3587^2(3587-1)} = 160.07$　　（城市）

$Var(n_{11k}) = \dfrac{586 \times 579 \times 42 \times 1123}{1165^2(1165-1)} = 10.13$　　（乡村）

当分表 k 的比率 $\theta_{XY(k)}$ 的真值大于 1 时，$(n_{11k}-m_{11k})>0$。检验统计量等于所有分表的 $(n_{11k}-m_{11k})$ 之和。如果各分表的比率都大于 1.0，则 $\sum_k(n_{11k}-m_{11k})$ 是较大的正数；如果各分表的比率都小于 1.0，则 $\sum_k(n_{11k}-m_{11k})$ 是较小的负数。

检验统计量是 k 个分表的概括性量度

$$CMH = \dfrac{\left[\sum_k(n_{11k}-m_{11k})\right]^2}{\sum_k Var(n_{11k})} \qquad (2-4)$$

CMH 是克科伦 - 曼特尔 - 亨塞尔（*Cochran-Mantel-Haenszel*）统计量的简写，具有 $df=1$ 的大样本卡方分布。

当所有分表的 $(n_{11k}-m_{11k})$ 都大于 0 或者都小于 0 时，*CMH* 有较大的值；当一些分表的 $(n_{11k}-m_{11k})$ 大于 0、一些分表的 $(n_{11k}-m_{11k})$ 小于 0 时，表示分表的 $X-Y$ 关联方向的变化较大，*CMH* 不适用。只有在各分表的 $X-Y$ 关联相似的情况下，*CMH* 才是良好的检验统计量。

CMH 是各分表的综合统计量。当各分表的 $X-Y$ 关联方向相同时，

CMH 比各分表的检验统计量的效力更强。为了求各分表的检验统计量之和，而将各分表合并为一个 2×2 边缘表的方法不可取。

以表 2 - 4 的数据为例，抽样方法是先抽取一定数量的接受高等教育的被调查者，将其分为男性和女性两类，然后抽取等量或数量稍大的未接受高等教育者，也将其分为男性和女性两类。所以表 2 - 4 的两列数据是独立样本。此研究中的解释变量"性别"是二项变量（男，女），应变量"高等教育"是二项变量（是，否），控制变量是城市和乡村。我们有 2 个分表，将分表的每一列频次作为二项样本，列总数是固定的。H_0：男性和接受高等教育（"是"）之间条件独立，即：城市和乡村的真比率都等于 1.0。

表 2 - 4 给出了各分表的概率比，以及根据 H_0，接受高等教育（"是"）的男性（各分表第一行和第一列的交叉单元格）的期望值和方差。因为所有分表的概率比都是正值，所以我们可以将两个分表的数据合并，求 CMH：$\sum_{k} n_{11k} = 471$，$\sum_{k} m_{11k} = 419.74$，$\sum Var(n_{11k}) = 179.06$，

$CMH = \dfrac{(471 - 419.74)^2}{179.06} = 14.67$，$df = 1$。查卡方分布表，得 $p < 0.0001$。据此，我们完全有理由否定条件独立的 H_0。

2.2　共同比率的估计

在统计学研究中，估计关联强度比检验假设更有意义。如果各分表的变量关联相同，我们可以估计 k 个比率的共同比率。

对于 $2 \times 2 \times k$ 三维列联表，假定 $\theta_{XY(1)} = \cdots = \theta_{XY(k)}$。共同比率的曼特尔 - 亨塞尔估计等于

$$\hat{\theta}_{MH} = \frac{\sum_{k} (n_{11k} n_{22k} / n_{++k})}{\sum_{k} (n_{12k} n_{21k} / n_{++k})} \tag{2-5}$$

如果 $\hat{\theta}_{MH}$ 的公式很繁复，那么读者可以应用计算机软件 *SAS - PROC - FREQ* 求出 $\log \hat{\theta}_{MH}$ 标准误，也可以应用对数比率模型获取估计值和标准误。

对于接受高等教育的男性的调查数据，曼特尔 – 亨塞尔共同比率估计值等于

$$\hat{\theta}_{MH} = \frac{(447)(1517)/3587 + (24)(561)/(1165)}{(392)(1231)/3587 + (18)(562)/(1165)} = 1.40$$

$\log(\hat{\theta}_{MH}) = \log(1.40) = 0.337$ 的标准误等于 0.075，根据随机抽样样本推论总体，共同对数比率的 95% 置信区间大约为 $0.337 \pm 1.96 \times 0.075$ 或 $(0.190, 0.484)$，与此对应的比率的区间为 $[\exp(0.190), \exp(0.484)] = (1.21, 1.62)$。 如果分表的真比率有差异，但变化不大，则 $\hat{\theta}_{MH}$ 仍然是 k 个条件关联的概括性量度，并且只要各分表的样本关联都在同一方向，*CMH* 检验还是可以作为否定条件独立的有力证据。

3 条件关联的精确推论

上一章讲述的各种卡方检验，例如 $I \times J$ 列联表的独立性检验，都是大样本检验。抽样分布随着样本量 n 的增加而接近卡方分布，但是 n 多大时才能拟合卡方呢？这个问题没有统一的答案。在分表中，检验的适当性取决于二维边缘和而非单元格频数。例如，对于 *CMH* 统计量，分表单元格频数可以较小（在控制变量 Z 较大时常常如此），但是 $X - Y$ 边缘和必须相当大。

实际上，样本量小不是问题，研究人员可以对条件关联进行精确检验，例如，我们可以对 2×2 列联表的条件独立进行费舍尔精确检验。

3.1 $2 \times 2 \times k$ 三维列联表条件独立的精确检验

对于 $2 \times 2 \times k$ 三维列联表，在所有分表的边缘和确定时，克科伦 – 曼特尔 – 亨塞尔条件独立检验取决于各 n_{11k} 之和 $\sum_k n_{11k}$。就像 2×2 列联表费舍尔精确检验应用 n_{11} 一样，$2 \times 2 \times k$ 三维列联表精确检验应用 $\sum_k n_{11k}$。各分表的超几何分布决定 $\{n_{11k}, k = 1, \cdots, K\}$ 的概率，条件独立的 H_0

是：所有条件比率 $\{\theta_{XY(k)}\} = 1$。当变量正条件关联，单侧条件比率 $\theta_{XY(k)} > 1$，并且在边缘和给定的条件下，p 等于 $\sum_k n_{11k}$ 至少要与观测频次的概率一样大的右尾概率。当变量负条件关联，单侧条件比率 $\theta_{XY(k)} < 1$，并且 p 等于 $\sum_k n_{11k}$ 不大于观测频数的概率的左尾概率。双侧检验是两边 $\sum_k n_{11k}$ 都不大于观测频数的概率的双尾概率。

条件独立的精确检验计算起来很烦琐，读者可以应用计算机软件 StatXact。

表 2-5 是公司中具有同等资历的计算机专家升迁的数据资料。该表有 3 个分表，对应 3 个月份。变量为性别（女，男）和升迁（是，否）。H_0：升迁和性别独立。3 个分表都有几个很小的频数，但是总样本量不小（$n = 74$）。需要注意的是，由于 3 个分表合并后单元格 n_{11} 的频数为 0，所以 CMH 检验不适用。

表 2-5 假设数据，按月份、性别的升迁数据

性别	7 月		8 月		9 月	
	升迁		升迁		升迁	
	是	否	是	否	是	否
女	0	7	0	7	0	8
男	4	16	4	13	2	13

3 个分表的数据显示，女性升迁的概率低于男性，因此可能存在性别歧视。为了验证这一假设，我们先要证明性别和升迁负关联，即单侧概率比 $\theta_{XY} < 1$。在分表的行和列边缘和固定的条件下，检验要使用 n_{11k} 的频数，即每个分表左上角的单元格频数。在表 2-5 中，n_{111} 的取值范围是 $0 \sim 4$，n_{112} 的取值范围是 $0 \sim 4$，n_{113} 的取值范围是 $0 \sim 2$，总和 $\sum_k n_{11k}$ 的取值范围是 $0 \sim 10$。在三个分表中，n_{11k} 都为 0。因此，$\sum_k n_{11k}$ 的观测值等于 0，这一数值的概率就是 p 值，等于 0.026。然后，将各表不大于观测值的概率相加，双侧 p 值等于 0.052。这个 p 值否定了性别和升迁不相关。

3.2　共同比率的精确置信区间

上一章曾经指出，对于小样本，数据的离散程度会导致精确检验趋于保守。例如，H_0 为真，可能是因为 p 小于实际的 0.05 而被否定。补救的方法是采用中位值，即：观测结果的概率的二分之一加上极端频数的概率。

对于 $\{\theta_{XY(k)}\}$ 的共同比率 θ 也可以建构"精确"置信区间。如果数据离散程度高，这种置信区间也是保守的。当"精确"置信区间为 95% 时，其真实的置信水平应该至少不小于 0.95，但是这一点我们无法确定。如果 95% 的置信区间含有 θ_0，且在 H_0: $\theta = \theta_0$ 的检验中，θ_0 的中位 p 值大于 0.05，则这个置信区间更有使用价值。虽然以中位 p 值为基础的置信区间不能保证至少和名义置信区间一样大，但是它比精确或大样本的置信区间小并且更接近名义置信区间的水平。

以表 2-5 为例，因为样本结果是极端值（$n_{11k} = 0$），共同比率的曼特尔 - 亨塞尔估计项为 $\hat{\theta}_{MH} = 0.0$，该值的"精确"95% 置信区间为 (0, 1.01)。我们可以至少有 95% 的把握相信真比率处于该区间。如果根据应用中位 p 值的检验数据，95% 置信区间为 (0, 0.78)，我们大约可以有 95% 的把握相信女性的最大升迁概率是男性的 0.78 倍。

3.3　比率同质性的精确检验

上述比率同质性的布雷斯洛 - 戴检验也是大样本检验。当各分表的样本量比较大时，这一检验适用。如果总样本量小，或者总样本量大但是分表很多，各分表的样本量小，这一检验就不适用。在这种情况下，同质比率的泽伦精确检验取而代之。概率精确分布的取得要依靠所有和观测表二维边缘总数相同的一组 $2 \times 2 \times k$ 三维列联表，p 值是所有分表的概率之和。

对于表 2-5，$\{\hat{m}_{ijk}\}$ 值和各分表的观测频数相等，应用 $\{\hat{m}_{ijk}\}$ 计算的共同比率的曼特尔 - 亨塞尔估计值为 $\hat{\theta}_{MH} = 0.0$。布雷斯洛 - 戴统计量含有 0/0 的值，但是没有定义。此外，其他表都没有与观测表相同的二维边缘总数。对于表 2 – 5 的数据分布，我们不可能知道真比率是否不同。

精确推论所面临的困难是，小样本的条件分布常常是高度分散的。正如表 2 – 5 的例子一样，在很多情况中精确检验受到特殊单元格频数的影响。小样本量总是会给统计带来难以解决的问题。

4　变量关联的简化量度

检验变量之间是否关联的方法至少有两种：一种方法是建立模型，变量的参数或系数就是变量关联的量度值；另一种方法是直接利用列联表的频次分布，量度变量的关联。现在，我们介绍后者的几种量度。这些量度的最大好处是简单，所以被称为简化量度或削减误差比例测量法。

对于 2 × 2 列联表，单一的量度值（例如比率）可以概述变量之间的关联。但是用单一的数值概述 $I × J$ 列联表变量之间的关联，一定会丢失信息。尽管如此，简化量度还是能够描述关联的某些特征。

变量关联的简化量度不仅可以通过计算关联系数检测两个变量的关系，而且关联系数给出了两个变量 X 和 Y（可能是定序的，也可能是定距或定比的）之间关联的强度，以及关联的方向。关联的方向可能是正的（一致的；较高的 X 值对应于较高的 Y 值），也可能是负的（不一致的；较高的 X 值对应于较低的 Y 值）。

变量关联可以分为两大类：一类变量关联是不对称的，两个变量中的一个（如 X）为解释变量，另一个（如 Y）为应变量。例如，变量 X 是居住地，而变量 Y 是收入水平，居住地影响收入水平。另一类变量关联是对称的，两个变量没有解释变量和应变量的区分。例如，研究者可能想要研究不同种类的休闲活动（户外休闲和户内休闲）之间的关系。

计算变量关联的方法有许多种。选择哪种方法去计算，首先要根据变量的测量类型（定类、定序、定距）。每个被测量的变量都可能是上述测量类型中的一种，因此两个变量的测量类型一共有 6 种可能的配对方式。

由于本书主要介绍定性数据的统计分析，所以下文我们主要集中介绍两个定序变量、两个定类变量、定类变量与定序变量以及定序变量与定距变量的关联系数的计算方法。

4.1　两个定序变量的关联系数

在分析定距数据时，皮尔森相关系数是对二元变量共变的简化量度，即：描述 X 和 Y 之间存在线性关系的强度。与此不同的是，定序变量没有明确的尺度，因此研究变量之间的线性关系是没有意义的。然而，定序变量的层次具有固定的次序，我们可以利用这个特点，研究变量之间的单调性，例如，随着 X 的增加，Y 是否增加？在这一点上，定序变量的量度类似于皮尔森相关系数，可以描述变量之间单调关系的"线性趋势"。

对于同一定序尺度上的两个个案，我们可以问："哪个个案的情感更强烈？"而不能问："两个个案的情感之差是多少？"因为我们要研究两个定序变量关系的单调性，即共同递增或共同递减，一致性对子和不一致对子就成为量度单调性的计算单位。当一个个案在变量 X 的层次和变量 Y 的层次都高于另一个案时，它们就被定义为一致性对子。当一个个案在变量 X 的层次上高于另一个案而在变量 Y 的层次上低于另一个案时，它们就被定义为不一致对子。如果个案在变量 X 和 Y 的层次上都一样，它们就被定义为同分。

表 1–4 给出变量家庭收入和受教育程度的交叉分类数据。家庭收入被分为 4 个层次：下下、中下、中上、上上。受教育程度被分为 3 个层次：小学、中学、大学。

如果一个个案在单元格 n_{11}（下下，小学），另一个案在单元格 n_{22}（中下，中学），这两个个案就是一致性对子。原因是第二个个案在两个变量的层次上都高于第一个个案。n_{11} 和 n_{22} 分别有 291 和 1325 个个案，一个单元格的每一个案和另一单元格的每一个案结成一致性对子，就得到 $291 \times 1325 = 385575$ 个一致性对子。除了 n_{22} 之外，n_{23}、n_{32}、n_{33} 的个案也在两个变量的层次上高于 n_{11}，因此还有（$1325 + 302 + 991 + 369 + 203 + 105$）个个案和 n_{11} 的 291 个个案结成一致性对子。总数为 $291(1325 + 302 +$

991 + 369 + 203 + 105）= 958845。依此类推，一致性对子的总数为：

$$
\begin{aligned}
C &= 291（1325 + 302 + 991 + 369 + 203 + 105） \\
&+ 702（302 + 369 + 105）+ 1325（369 + 105） \\
&+ 991（105）= 2235702
\end{aligned}
$$

一致性对子的计算公式为：

$$
C = \sum_{i<k} \sum_{j<l} n_{ij} n_{kl}
$$

不一致对子的总数为：

$$
\begin{aligned}
D &= 113（236 + 1325 + 110 + 991 + 15 + 203） \\
&+ 702（236 + 110 + 15）+ 1325（110 + 15）+ 991（15） \\
&= 759352
\end{aligned}
$$

不一致对子的计算公式为：

$$
D = \sum_{i<k} \sum_{j>l} n_{ij} n_{kl}
$$

与不一致对子的数量相比，一致性对子的数量越大，变量的正关联越显著。原因是，多数个案聚集在 X 和 Y 层次都低或 X 和 Y 层次都高的单元格。因为 $C > D$，家庭收入与受教育程度单调关联，即：低收入趋向低受教育程度，高收入趋向高受教育程度。列联表的对子总数是 $\binom{n}{2} = n(n-1)/2$，表 1 – 4 有 $4762 \times 4761/2 = 11335941$ 个对子。这些对子并不都是一致性对子或不一致对子，有些对子在一个变量或两个变量的层次上相同，例如，同一行的个案在 X 的层次上相同，表 1 – 4 的第一行有 1106 个个案，组成 $1106 \times 1105/2 = 611065$ 个对子。单元格 n_{11} 有 291 个个案，在 X 和 Y 的层次上相同，组成 $291 \times 290/2 = 42195$ 个对子，这些对子被称为同分。

在行变量 X 上的同分总数为：

$$
T_X = \sum \frac{n_{i+}(n_{i+} - 1)}{2}
$$

在列变量 Y 上的同分总数为:

$$T_Y = \sum \frac{n_{+j}(n_{+j} - 1)}{2}$$

在 X 和 Y 上的同分总数为:

$$T_{XY} = \sum_i \sum_j \frac{n_{ij}(n_{ij} - 1)}{2}$$

对子总数为:

$$\frac{n(n - 1)}{2} = C + D + T_X + T_Y - T_{XY}$$

实际上, X 和 Y 的同分被计算了两次, 所以对子总数要减去 T_{XY}。

以下介绍的几种关联量度, 都适用于定序变量。这些量度都要用到 $C + D$ 和 $C - D$, 尽管算式有所不同, 基本原理却是一样的。

对于一对观测值, 一致和不一致的概率为:

$$\prod_c = 2 \sum_{i<k} \sum_{j<l} \pi_{ij} \pi_{kl} \ \text{和} \ \prod_d = 2 \sum_{i<k} \sum_{j>l} \pi_{ij} \pi_{kl} \qquad (2 - 6)$$

式中, i 和 j 是固定的。因为每一观测值出现在单元格 (i, j) 和 (k, I) 中两次, 所以要乘以 2。几个定序变量的关联量度都要用到概率差 $\prod_c - \prod_d$。当 $\prod_c - \prod_d > 0$ 时, 关联为正; 当 $\prod_c - \prod_d < 0$ 时, 关联为负。

1. Gamma（γ）

对于成对个案, 一致性对子的概率为 $\prod_c / (\prod_c + \prod_d)$, 不一致对子的概率为 $\prod_d / (\prod_c + \prod_d)$, 两者之差用 γ 表示:

$$\gamma = \frac{\prod_c - \prod_d}{\prod_c + \prod_d} \qquad (2 - 7)$$

随机抽样样本的 Gamma 写作 $\hat{\gamma} = (C - D)/(C + D)$。

γ 和 $\hat{\gamma}$ 有如下性质: 像相关一样, 它们的值域为 $-1 \leqslant \gamma \leqslant 1$; 当 X 和

Y 是完全线性关系时，相关的绝对值为 1，因此当 $|\gamma| = 1$（当 $\prod_d = 0$ 时，$\gamma = 1$；当 $\prod_c = 0$ 时，$\gamma = -1$）时，变量是完全单调关联的。但是，当变量的关系不是严格单调时，$|\gamma|$ 也可能等于 1。例如，对子 a 和 b，它们的观测值为 (X_a, Y_a) 和 (X_b, Y_b)。当 $X_a < X_b$，$Y_a \leqslant Y_b$（$Y_a < Y_b$ 不是必需的）时，也会出现 $\gamma = 1$。

表 2-6 是不同交互分类数值的 γ 值。当变量独立时，$\gamma = 0$；但是当 $\gamma = 0$ 时，变量不一定独立。例如，表 2-6 中的 c 项，联合概率分布呈 U 形，变量并不独立。但是，因为 $\prod_c = \prod_d$，$\gamma = 0$。像相关一样，γ 要求变量对称，即：两个变量没有应变量和解释变量之别，颠倒一个变量的层次次序只会使 γ 的符号改变。

表 2-6　不同交互分类数值的 γ

a. $\gamma = 1$	1/3	0	0
b. $\gamma = 1$	0	1/3	0
	0	0	1/3
	0.20	0	0
c. $\gamma = 0$	0.20	0.20	0
	0	0.20	0.20
	0.20	0	0.20
d. $\gamma = -1$	0.20	0	0.20
	0	0.20	0
	0	0.03	
	0.03	0.67	

表 1-4 的结果是，$C = 2235702$，$D = 759352$。一致性对子占 74.6%，不一致对子占 25.4%，$\hat{\gamma} = 0.49$。这表明，随着收入的提高，受教育程度也提高的趋势较强。

对于 2×2 列联表，γ 简化为：

$$Q = \frac{\pi_{11}\pi_{22} - \pi_{12}\pi_{21}}{\pi_{11}\pi_{22} + \pi_{12}\pi_{21}} \qquad (2-8)$$

这一量度被称为尤尔 Q（Yule's Q）。我们用 $\pi_{12}\pi_{21}$ 分别去除公式 2-8 的分子和分母，得：

$$Q = \frac{\dfrac{\pi_{11}\pi_{22}}{\pi_{12}\pi_{21}} - 1}{\dfrac{\pi_{11}\pi_{22}}{\pi_{12}\pi_{21}} + 1} = \frac{\theta - 1}{\theta + 1}$$

式中，$\theta = (\pi_{11}\pi_{22}) / (\pi_{12}\pi_{21})$，就是比率。从中我们可以看出 Gamma 是从比率转化来的。转化的好处在于，比率的值域为 $[0, \infty]$，而 Gamma 的值域为 $[-1, 1]$，更有利于对量度结果进行解释。

2. 肯德尔 *tau - b* (τ_b)

τ_b 的随机抽样样本算式为：

$$\hat{\tau}_b = \frac{(C - D)}{\sqrt{[n(n-1)/2 - T_X][n(n-1)/2 - T_Y]}} \qquad (2-9)$$

总体的算式为：

$$\tau_b = \frac{(\prod_C - \prod_D)}{\sqrt{[1 - \sum_i \pi_{i+}^2][1 - \sum_j \pi_{+j}^2]}}$$

对于 2×2 列联表，$\hat{\tau}_b$ 等于行和列赋值的皮尔森相关系数。从算式2-9 可知，$\hat{\gamma}$ 的分母 $C + D$ 小于 $\hat{\tau}_b$ 的分母 $n(n-1)/2 - T_X$ 或 $n(n-1)/2 - T_Y$，因此也不可能大于 $\hat{\tau}_b$ 的分母，所以 $|\hat{\tau}_b| \leqslant |\hat{\gamma}|$。$\hat{\tau}_b$ 是对称量度，其与不对称的萨默斯 d 的关系为：

$$\hat{\tau}_b^2 = d_{YX} d_{XY}$$

通过这一关系，萨默斯 d 等于皮尔森相关系数：

$$r^2 = b_{YX} b_{XY}$$

皮尔森相关系数 $r^2 = b_{YX} b_{XY}$ 是 Y 对 X 最小平方回归的斜率，因此萨默斯 d 是在变量的层次赋值后最小平方线性模型的斜率。例如，用 (X_a, Y_a) 和 (X_b, Y_b) 表示一组观测个案，在将变量的层次赋值后，

$$X_{ab} = (X_a - X_b) = \begin{cases} -1 & X_a < X_b \\ 0 & X_a = X_b \\ 1 & X_a > X_b \end{cases}$$

$$Y_{ab} = (Y_a - Y_b) = \begin{cases} -1 & Y_a < Y_b \\ 0 & Y_a = Y_b \\ 1 & Y_a > Y_b \end{cases}$$

对于一致性对子，$X_{ab}Y_{ab} = 1$；对于不一致对子，$X_{ab}Y_{ab} = -1$。在 X 上同分的对子，$X_{ab}^2 = 0$；在 Y 上同分的对子，$Y_{ab}^2 = 0$。对于 $n(n-1)$ 个次序对子 $(a \neq b)$：

$$\sum \sum X_{ab}Y_{ab} = 2(C - D)$$

$$\sum \sum X_{ab}^2 = 2\left[\frac{n(n-1)}{2} - T_X\right]$$

$$\sum \sum Y_{ab}^2 = 2\left[\frac{n(n-1)}{2} - T_Y\right]$$

$$\sum \sum X_{ab} = \sum \sum Y_{ab} = 0$$

因为 $X_{ab} = -X_{ab}$，$Y_{ab} = -Y_{ab}$，并且每一对子在总数中有两个，所以 $\sum \sum X_{ab} = \sum \sum Y_{ab} = 0$。根据以上关系，$\{X_{ab}\}$ 和 $\{Y_{ab}\}$ 的样本相关：

$$\hat{\tau}_b = \frac{\sum \sum X_{ab}Y_{ab}}{\sqrt{(\sum \sum X_{ab}^2)(\sum \sum Y_{ab}^2)}}$$

$$= \frac{(C - D)}{\sqrt{[n(n-1)/2 - T_x][n(n-1)/2 - T_Y]}}$$

同样，$\{Y_{ab}\}$ 对 $\{X_{ab}\}$ 最小平方回归的斜率等于 d_{YX}。

3. 萨默斯 *d*

萨默斯 *d* 是将一个变量（Y 或 X）作为应变量、另一个变量（X 或 Y）作为解释变量的变量关联量度。这就有两种形式 d_{YX} 和 d_{XY}，随机抽样样本公式为：

$$d_{YX} = \frac{(C - D)}{[n(n-1)/2 - T_x]} \tag{2-10}$$

因为 $n(n-1)/2 - T_x = C + D + (T_Y - T_{XY}) \geqslant C + D$，所以 $|d_{YX}| \leqslant |\hat{\gamma}|$。

$|d_{YX}| = 1$ 的条件是 C 或 D 必须等于 0，并且排除了在 X 层次上相同而在 Y 层次上不同的对子，所以比 $|\hat{\gamma}| = 1$ 的单调性更为严格。

萨默斯 d 的总体公式为：

$$\Delta_{YX} = \frac{(\prod_c - \prod_d)}{[1 - \sum_i \pi_{i+}^2]}$$

对于 2×2 列联表，上式可简化为 $\pi_{1(1)} - \pi_{1(2)} = \pi_{11}/\pi_{1+} - \pi_{21}/\pi_{2+}$。萨默斯 d 的值域为 $-1 \leqslant d_{YX} = d_{XY} \leqslant 1$。

4. 肯德尔 τ

当将一致性对子和不一致对子视为连续变量时，$T_X = T_Y = T_{XY} = 0$，$n(n-1)/2 = C + D$，并且

$$\hat{\gamma} = \hat{d}_{YX} = \hat{\tau} = \frac{(C - D)}{n(n-1)/2} \tag{2-11}$$

因此，$\hat{\tau}$ 是一致性对子和不一致对子的比例差。

除了 γ、τ、τ_b 和 d，还有其他关联量度。读者如果想要了解更详细的内容，可参阅社会科学文献出版社的《社会研究的统计应用》一书（李沛良，2001）。

4.2　两个定类变量的关联系数

计算两个定类变量的关联系数，可以用 Lambda 关联量度，也可以用古德曼（Goodman）和克鲁斯卡（Kruskal）的 *tau-y* 关联量度。

1. Lambda

Lambda 关联量度是建立在关于预测误差的非常简单的定义基础上。其基本逻辑是：用一个定类变量的值来预测另一个定类变量的值时，如果以众数作为预测的基准，可以减少误差。以变量 X 和变量 Y 为例，具体的规则可以表述为：①没有任何信息可以用来预测在 Y 上的得分类别。在此基础上产生的归类错误就可以表示为预测的总误差 $V(Y)$。②检查每个个案在变量 X 上的类别，然后根据这个信息预测在 Y 上的得分，由此产

生的归类错误就可以表示为根据 X 预测 Y 而产生的误差 $E[V(Y \mid X)]$。由规则①产生的预测总误差减去由规则②产生的预测误差就是削减的误差，而削减的误差同预测的总误差之比就构成了两个变量的关联量度。

根据上述关联系数的分类，Lambda 关联量度是一种不对称量度，可以简写为 λ_Y；另一种是对称量度，可以简写为 λ。不对称量度的计算公式如下：

$$\lambda_Y = \frac{(1 - \pi_{+m}) - (1 - \sum_{i=1}^{I} \pi_{im})}{(1 - \pi_{+m})} = \frac{(\sum_{i=1}^{I} \pi_{im}) - \pi_{+m}}{(1 - \pi_{+m})}$$

在 $I \times J$ 列联表中，π_{+m} 表示列的边缘概率的最大值。在不知道变量 X 的信息的情况下，只有根据概率 π_{+m} 才能对 Y 做出最好的预测，相应的预测误差就是：$1 - \pi_{+m} = V(Y)$。如果研究人员随机地选取一个个案并根据个案在变量 X 上的类别预测它在变量 Y 上的得分类别，那么对变量 Y 最好的预测是根据概率 π_{im} 做出的，也就是第 i 行上最大的单元概率，相应的预测误差为：$1 - \sum_{i=1}^{I} \pi_{im} = E[V(Y \mid X)]$。将上述两项带入削减误差比例的通式即得到 Lambda 的不对称量度 λ_Y。

样本估计值可以用估计的总体概率来进行计算。用原始频次数据计算 λ_Y，可以用下面的公式：

$$\hat{\lambda}_Y = \frac{(\sum_{i=1}^{I} n_{im}) - n_{+m}}{(n - n_{+m})}$$

式中，n_{+m} 表示最大的列边缘频次，n_{im} 表示在第 i 行中出现的最大频次，n 是样本总数。它们相当于上一个公式中的概率，其潜在的逻辑是一致的。估计值 $\hat{\lambda}_Y$ 给出了在样本量为 n 的样本中误差削减的比例。

表 2-7 是假设的男女在婚前所希望的婚后居住方式的数据资料。X 变量为性别（女，男），Y 变量为希望的婚后居住方式（住男家，住女家，自立门户，其他）。其中第三列"自立门户"包含最大的边缘和，$n_{+m} = 337$。将最大的行单元格频次加总：$\sum_{i=1}^{2} n_{im} = 227 + 150 = 377$。

表 2-7 假设数据，按性别的希望的婚后居住方式

性别	住男家	住女家	自立门户	其他	总数
女	83	10	227	2	322
男	150	7	110	1	268
总 数	233	17	337	3	590

代入估计公式，得到：

$$\hat{\lambda} = \frac{377 - 337}{590 - 337} = 0.16$$

因此，在对希望的婚后居住方式进行预测时，考虑到性别的影响，大约有 16% 的误差被削减。

有时，研究者并不清楚或者不愿意假定两个变量之间具有从属关系，在这种情况下他们可以选择"对称"的系数。根据削减误差比例的逻辑，对上述"不对称"公式略加修改，可得到下面的公式：

$$\lambda = \frac{\sum\limits_{i=1}^{I} \pi_{im} + \sum\limits_{j=1}^{J} \pi_{mj} - \pi_{+m} - \pi_{m+}}{2 - \pi_{+m} - \pi_{m+}}$$

对称的 λ 系数结合了 λ_Y 和 λ_X。它的基本逻辑是：假设对样本中的个体进行随机选择，将其中的一半分配到 Y 变量的类别上，另一半分配到 X 变量的类别上。按照削减误差比例的规则对变量做出预测。在猜测 Y 变量的类别时，猜测个体最可能出现在 π_{+m} 的类别上，其猜对的概率是 $\frac{1}{2}\pi_{+m}$；在猜测 X 变量的类别时，猜测个体最可能出现在 π_{m+} 的类别上，其猜对的概率是 $\frac{1}{2}\pi_{m+}$，而猜错的概率就是：$1 - \frac{\pi_{m+} + \pi_{+m}}{2} = V(Y)$。其中，$\pi_{m+}$ 和 π_{+m} 分别是行边缘概率最大值和列边缘概率最大值。

研究者根据一半的个体在 X 变量上的类别猜测它在 Y 变量上的类别时，最好的预测是 $\frac{1}{2}\sum\limits_{i=1}^{I} \pi_{im}$。而根据另一半个体在 Y 变量上的类别猜测它在 X 变量上的类别时，最好的预测是 $\frac{1}{2}\sum\limits_{j=1}^{J} \pi_{mj}$。该计算逻辑与计算 λ_Y

和 λ_X 的逻辑是一样的，只是每次只对一半的样本进行估计，所得误差概

率为：$1 - \dfrac{\sum\limits_{i=1}^{I} \pi_{im} + \sum\limits_{j=1}^{J} \pi_{mj}}{2} = E[V(Y \mid X)]$。

根据观测频次计算的样本估计值的公式是：

$$\hat{\lambda} = \frac{\sum\limits_{i=1}^{I} n_{im} + \sum\limits_{j=1}^{J} n_{mj} - n_{+m} - n_{m+}}{2n - n_{+m} - n_{m+}}$$

式中，n_{im} 表示第 i 行最大的单元格频次；n_{mj} 表示第 j 列最大的单元格频次；n_{+m} 表示最大的列边缘频次；n_{m+} 表示最大的行边缘频次。

表 2 - 8 给出了一组假想数据，其中 X 表示丈夫的工作单位类型，Y 表示妻子的工作单位类型。

其中，n_{+m} 和 n_{m+} 分别为 2050 和 1826。行的最大的单元格频次的累计值为：

$$\sum_{i=1}^{I} n_{im} = 162 + 221 + 1180 + 191 + 64 + 87 + 461 = 2366$$

列的最大的单元格频次的累计值为：

$$\sum_{j=1}^{J} n_{mj} = 86 + 60 + 1180 + 126 + 9 + 68 + 461 = 1990$$

将相应的数值代入估计公式，得到估计系数 $\hat{\lambda} = 0.105$。

表 2 - 8　假设数据，丈夫和妻子的工作单位类型

	个体户	私营股份企业	国有企事业单位	集体企业	外资企业	政府机构	其他	总数
个体户	38	19	162	37	0	6	140	402
私营股份企业	27	30	221	56	3	12	90	439
国有企事业单位	86	60	1180	104	9	68	319	1826
集体企业	40	24	191	126	0	16	137	534
外资企业	4	10	64	8	4	6	10	106
政府机构	12	8	87	26	0	22	57	212
其他	22	11	145	43	0	17	461	699
总　数	229	162	2050	400	16	147	1214	4218

2. 古德曼和克鲁斯卡 τ 系数

古德曼和克鲁斯卡 τ 系数属于不对称量度，要求两个定类变量中的一个作为解释变量（X），另一个作为应变量（Y）。τ 系数是对上述方法的修改，其系数值介于 0 与 1 之间，同样具有削减误差比例的意义。τ 仍然是在未知或已知解释变量的情况下，根据在 Y 上的得分随机选择个案进行分配。不同的是，τ 的计算要求随机分配后的分布与分配前的分布保持一致。例如：如果有 n_{+1} 和 n_{+2} 个个体处于 Y 变量的前两个类别中，那么分配规则要求分配后仍有同样多的个体在这两个类别中。

表 2-9 中是一组假想数据，其中 X 变量表示个案父亲的出生地类型，分别为城市、城镇和农村；变量 Y 表示个案自己目前的居住地类型，分别为乡村、小镇、市郊和城市。在给出 τ 系数的计算公式前，用表 2-9 来说明它的计算逻辑。

表 2-9　假设数据，父亲的出生地类型和个案自己目前的居住地类型

	乡村	小镇	市郊	城市	总数
城市	3 (2.75)	1 (8.33)	2 (2.76)	258 (53.86)	264 (39.11)
城镇	3 (2.75)	1 (8.33)	6 (8.00)	46 (9.60)	56 (8.30)
农村	103 (94.50)	10 (83.33)	67 (89.33)	175 (36.53)	355 (52.59)
总　数	109 (100.00)	12 (100.00)	75 (100.00)	479 (100.00)	675 (100.00)

在未知变量 X 的情况下，假设从总样本中随机选取 109 个个体，将其标记为"乡村"。在这 109 个个体中，有一部分目前确实居住在乡村，而另一部分则是被错误地进行了分类，其被分配错误的概率为（12 + 75 + 479）/675 = 0.839，分配不正确的个案就是（0.839）（109）= 91.451

现在假设从总样本中随机选取 12 个个体，把它们分给类别"小镇"，那么分配错误的概率为 0.982，分配不正确的个案就是（0.982）（12）= 11.784。

依据上述方法依次计算"市郊"和"城市"类别的分配不正确的个

案，然后将四个类别分配不正确的个案加总，得到总的预测误差为：

$$(0.839)(109) + (0.982)(12) + (0.889)(75) + (0.290)(479)$$
$$= 91.451 + 11.784 + 66.675 + 138.910 = 308.820$$

注意，在估计过程中，分配后的分布和分配前的分布保持一致。因为总的 675 个样本，其中有 109 个个案被分给了"乡村"，12 个个案被分给了"小镇"，75 个个案被分给了"市郊"，剩余的 479 个个案被分给了"城市"。一般而言，在未知变量 X 的情况下，对变量 Y 进行估计，预测误差的计算步骤为：计算 Y 变量的每一个类别的预测误差 =（不属于该类别的观测数目÷样本数）×该类别个案数；然后对每一类别的预测误差求和。

在已知变量 X 的情况下，估计 Y 的类别，并计算相应的预测误差，也采用同样的方式，只是必须在自变量的每个类别里进行。例如，对于父亲的出生地是城市的 264 个个案，随机选取其中的 3 个到个案目前居住的"乡村"类别中，1 个个案到"小镇"类别中，2 个个案到"市郊"类别中，258 个个案到"城市"类别中。按照与在未知 X 的情况下计算对 Y 估计错误的预测误差一样的原理，在父亲的出生地是城市的类别上，预测误差为：

$$[(1 + 2 + 258)/264](3) + [(3 + 2 + 258)/264](1) + [(3 + 1 + 258)/264](2) +$$
$$[(3 + 1 + 2)/264](258) = 11.811$$

依照同样的逻辑，分别根据父亲的出生地是城镇和农村计算预测误差，再求和：

$$11.811 + 17.393 + 225.921 = 255.125$$

一般而言，根据 X 的类别估计 Y 所产生的预测误差的步骤是：在 X 的某个类别上，如第 i 个类别上，计算不属于应变量的某个类别 j 的其他类别的个案数，将这个数除以第 i 个类别的总个案数（n_{i+}），再乘以属于应变量的个案数（n_{ij}）。

将两组预测误差代入削减误差比例通式，即得到一个在限制了边缘和条件下的估计系数。表 2 – 9 的 τ 系数估计值是：

$$\hat{\tau} = \frac{308.820 - 255.123}{308.820} = 0.174$$

因此，根据父亲的出生地预测个案目前的居住地大约能削减 17% 的误差。对抽样数据来说，τ 系数估计公式为：

$$\hat{\tau}_Y = \frac{\sum_j n_{+j} \left[\dfrac{\sum\limits_{\substack{j' \\ j' \neq j}} n_{+j'}}{n} \right] - \sum_i \left[\sum_j n_{ij} \left(\dfrac{\sum\limits_{\substack{j' \\ j' \neq j}} n_{ij'}}{n_{i+}} \right) \right]}{\sum_j n_{+j} \left[\dfrac{\sum\limits_{\substack{j' \\ j' \neq j}} n_{+j'}}{n} \right]}$$

式中，$\sum\limits_{\substack{j' \\ j' \neq j}}$ 表示除了第 j 列外，将各列累加。

4.3　定类变量与定序变量的关联系数

　　量度定类变量和定序变量最适当的方法是威尔科森的区分系数 θ。它的基本思想是根据各个个案在定类变量上的类别估计它们在定序变量上的相对等级，属于不对称量度，系数值在 0 到 1 之间，但没有削减误差比例的意义。

　　定序变量具有定类变量的数学性质，因此可以将定序变量当作定类变量处理，采用上面的 λ_Y 或 τ 系数量度定类变量和定序变量的关联强度。表 2 – 10 中是一组假想数据，定类变量是居住类型，定序变量是自我评定的个人健康状况。根据 λ_Y 的估计公式，可得：

$$\hat{\lambda}_Y = \frac{(140 + 350) - 410}{700 - 410} = 0.276$$

而使用削减误差的 τ 系数，可得：

$$\sum_i \left[\sum_j n_{ij} \left(\frac{\sum\limits_{\substack{j' \\ j' \neq j}} n_{ij'}}{n_{i+}} \right) \right] = \frac{(140 + 20)60 + (60 + 20)140 + (60 + 140)20}{220} +$$

$$\frac{(100 + 30)350 + (350 + 30)100 + (350 + 100)30}{480}$$

$$= 314.810$$

$$\sum_{j} n_{+j} \left[\frac{\sum_{\substack{j' \\ j' \neq j}}}{n} \right] = \frac{(240 + 50)410 + (410 + 50)240 + (410 + 240)50}{700} = 374$$

$$\hat{\tau}_Y = \frac{374 - 314.810}{374} = 0.158$$

表 2 - 10　假设数据，目前居住类型与自我评定的个人健康状况

	健康	一般	较差	总数
乡镇	60	140	20	220
城市	350	100	30	480
总　数	410	240	50	700

根据上面的计算可以看出居民的居住类型对他们自我评定的个人健康状况的影响较弱。使用 λ_Y 能削减 27.6% 的误差，而使用 τ 系数则只能削减 15.8% 的误差。

4.4　定序变量与定距变量的关联系数

量度定序变量与定距变量的关联强度时，可以降低定序变量的测量层次，把定序变量当作定类变量处理，使用相关比率。相关比率系数 eta 值的范围在 0 和 1 之间，其平方值（E^2）也具有削减误差比例的意义。我们用下面一组假想数据来说明相关比率系数的计算逻辑。表 2 - 11 中的定序变量是受教育程度（X），定距变量是月工资收入（Y）。

在未知个案的受教育程度的情况下，用样本的总均值来估计个案的月工资收入，预测的总误差为：

$$\begin{aligned}
E(Y) &= \sum (Y - \bar{Y})^2 = \sum Y^2 - n(\bar{Y})^2 \\
&= (200)^2 + (250)^2 + \cdots\cdots + (1000)^2 + (1500)^2 - 30 \times (616)^2 \\
&= 14207800 - 11383680 \\
&= 2824120
\end{aligned}$$

表 2 – 11 假设数据，受教育程度与月工资收入

X(受教育程度)	小学以下	中等教育	高等教育
	200	100	500
	250	260	600
	280	280	630
	350	400	700
	400	440	720
	500	600	740
	600	700	800
	630	700	850
	700	850	1000
	900	1300	1500
N_i(个数)	10	10	10
$\bar{Y_i}$(月平均工资收入)	481	563	804
$\bar{Y}$(平均总月工资收入)	616		

当已知个案的受教育程度时，可以根据个案的受教育程度类别，用该类别下的月平均工资收入估计个案的月平均工资收入，预测错误的误差为：

$$E[V(Y|X)] = \sum (Y - \bar{Y_i})^2 = \sum Y^2 - \sum n_i(\bar{Y_i})^2$$
$$= 14207800 - [10 \times (481)^2 + 10 \times (563)^2 + 10 \times (804)^2]$$
$$= 14207800 - 11947460 = 2260340$$

把上述两项带入削减误差比例公式，即得到：

$$E^2 = (2824120 - 2260340/2824120 = 0.20$$

而相关系数比率：$E = \sqrt{E^2} = \sqrt{0.20} = 0.447$

一般而言，E 的简易计算公式是：

$$E = \sqrt{E^2} = \sqrt{\frac{\sum n_i(\bar{Y_i})^2 - n(\bar{Y})^2}{\sum Y^2 - n(\bar{Y})^2}}$$

第  章

对数线性模型

对数线性模型将列联表的单元格频次放在等式的左侧，而将行和列的分类虚拟解释变量以及关联项和交互项全部放在等式的右侧。对数线性模型除了适用于定类和定序变量外，还可以包含一个以上的不同变量，这是它的长处。

这一章仍以最简单的二维列联表的频次和概率分布开始，介绍对数线性模型，然后过渡到较复杂的三维列联表的对数线性模型。

1 定类变量的二维对数线性模型

1.1 变量独立模型

对于二维列联表所有单元格的概率，如果有 $\pi_{ij} = \pi_{i+}\pi_{+j}$ ，则两个变量独立。用期望频次替代单元格的概率，上式变为 $m_{ij} = n\pi_{i+}\pi_{+j}$。将该式取对数：

$$\log m_{ij} = \log n + \log \pi_{i+} + \log \pi_{+j} \tag{3-1}$$

因此，当两个变量独立时，单元格 (i, j) 的对数期望频次是第 i 行和第 j 列对数边际概率的可加性函数。用 μ、λ_i^X 和 λ_j^Y 替代模型 3 - 1 的右边各项：

$$\log m_{ij} = \mu + \lambda_i^X + \lambda_j^Y \tag{3 - 2}$$

这是常用的通式，被称作二维列联表变量独立的对数线性模型。

对于 $2 \times c$ 列联表的变量独立模型，因为 $\lambda_1^X = -\lambda_2^X$，同一列的两行 $\log m_{ij}$ 之差为：

$$\log m_{1j} - \log m_{2j} = \lambda_1^X - \lambda_2^X = 2\lambda_1^X$$
$$\log(m_{1j}/m_{2j}) = 2\lambda_1^X$$

因此，在变量独立时，各列的 $\log(m_{1j}/m_{2j})$ 相同，比率都等于 $\exp(2\lambda_1^X)$。

1.2 变量关联模型

如果两个变量相关联，模型 3 - 2 的参数含义有所改变，推导过程和方差分析类似。

设 $\mu_{ij} = \log m_{ij}$，并且

$$\mu_{i \cdot} = \sum_j \frac{\mu_{ij}}{c}; \quad \mu_{\cdot j} = \sum_i \frac{\mu_{ij}}{r}$$
$$\mu = \mu_{\cdot \cdot} = \sum_i \sum_j \frac{\mu_{ij}}{(rc)}$$

式中，$\mu_{i \cdot}$ 和 $\mu_{\cdot j}$ 分别表示行和列的均值，μ 表示 $\{\log m_{ij}\}$ 的总均值。

于是，

$$\begin{aligned} \lambda_i^X &= \mu_{i \cdot} - \mu \\ \lambda_j^Y &= \mu_{\cdot j} - \mu \\ \lambda_{ij}^{XY} &= \mu_{ij} - \mu_{i \cdot} - \mu_{\cdot j} + \mu \end{aligned} \tag{3 - 3}$$

将以上三式相加：

$$\lambda_i^X + \lambda_j^Y + \lambda_{ij}^{XY} = \mu_{ij} - \mu$$

整理得：

$$\mu_{ij} = \mu + \lambda_i^X + \lambda_j^Y + \lambda_{ij}^{XY}$$

$$\log m_{ij} = \mu + \lambda_i^X + \lambda_j^Y + \lambda_{ij}^{XY} \qquad\qquad (3-4)$$

模型 3-4 对任何正期望频次集 $\{m_{ij}\}$ 都可以完全拟合，是二维列联表的对数线性模型的通式。换言之，模型 3-4 是二维列联表的饱和模型，其期望频次和观测频次相等。总之，只要是各种列联表的饱和模型，其期望频次和观测频次都相等。

由于 λ_i^X 和 λ_j^Y 分别偏离行均值 $\mu_i.$ 和列均值 $\mu_{.j}$ 一个总均值，和普通最小平方回归的偏差之和等于 0 一样，λ_i^X 和 λ_j^Y 有以下关系：

$$\sum_i \lambda_i^X = \sum_j \lambda_j^Y = 0$$

因此，模型有 $r-1$ 个线性独立行效应参数和 $c-1$ 个线性独立列效应参数。$\{\lambda_i^X\}$ 和 $\{\lambda_j^Y\}$ 与 X 和 Y 类别或层次的频次有关，例如，如果 $\lambda_i^X > 0$，那么第 i 行的期望频次均值就大于整个列联表的期望频次均值。这里的均值是对数均值，λ_i^X 表示 $\{\log m_{ij}, j = 1, \cdots, c\}$ 的算术均值。

模型 3-4 的 $\{\lambda_{ij}^{XY}\}$ 满足

$$\sum_i \lambda_{ij}^{XY} = \sum_j \lambda_{ij}^{XY} = 0$$

所以 $(r-1)(c-1)$ 个 $\{\lambda_{ij}^{XY}\}$ 是线性独立的。独立模型 3-2 是变量关联模型的通式 3-4 在 $\lambda_{ij}^{XY} = 0$ 时的特例，$\{\lambda_{ij}^{XY}\}$ 是变量的"关联参数"，反映了变量偏离变量独立的程度。在模型中，λ_i^X 和 λ_j^Y 两项无关紧要，我们关注的是变量的关系，所以关联项 λ_{ij}^{XY} 是最重要的。

对于独立模型 $\log m_{ij} = \mu + \lambda_i^X + \lambda_j^Y$，有 $1 + (r-1) + (c-1) = r + c - 1$ 个线性独立参数，而通式 3-4 的线性参数还要再加上 $(r-1)(c-1)$ 个 $\{\lambda_{ij}^{XY}\}$ 的关联参数。因此，通式的参数总数为 $1 + (r-1) + (c-1) + (r-1)(c-1) = rc$，$rc$ 也是列联表单元格的总数。对于任意维度的列联表，对数线性模型的通式拥有的参数和单元格的数目一样多，因此通式亦被称为饱和模型。

对数线性模型的关联参数和比率 θ 有直接的关系。以 2×2 列联表为例，关联参数有如下关系：

$$\lambda_{11}^{XY} = \lambda_{22}^{XY} = -\lambda_{12}^{XY} = -\lambda_{21}^{XY}$$

从上式可以看出，θ 就是前面提到的测量列联表变量关联强度的量度 "优比"，而 λ_{ij}^{XY} 就是模型 3 - 4 中唯一的量度变量关联程度的参数。比较模型 3 - 2 和 3 - 4，可以得出如下推论：如果 $\lambda_{ij}^{XY} > 0$，则单元格 (i, j) 的期望频次大于变量独立的期望频次 $n\pi_{i+} \pi_{+j}$。

2 定类变量的三维对数线性模型

将二维对数线性模型的通式扩展为多维对数线性模型的通式，在形式上出现了三因子交互参数。以三维对数线性模型为例，令 $\mu_{ijk} = \log m_{ijk}$，通式为：

$$\log m_{ijk} = \mu + \lambda_i^X + \lambda_j^Y + \lambda_k^Z + \lambda_{ij}^{XY} + \lambda_{ik}^{XZ} + \lambda_{jk}^{YZ} + \lambda_{ijk}^{XYZ} \qquad (3-5)$$

式中，

$$\sum_i \lambda_i^X = \sum_j \lambda_j^Y = \sum_k \lambda_k^Z = \sum_i \lambda_{ij}^{XY} = \sum_j \lambda_{ij}^{XY} = \cdots = \sum_k \lambda_{ijk}^{XYZ} = 0$$

在模型 3 - 5 中，双符号角标项是双因子（关联）项，三符号角标项是三因子（交互）项。通过参数的不同组合，就会形成一组不同的模型，如表 3 - 1 所示。

表 3 - 1 三维列联表的部分对数线性模型

对数线性模型	符号
$\log m_{ijk} = \mu + \lambda_i^X + \lambda_j^Y + \lambda_k^Z$	(X, Y, Z)
$\log m_{ijk} = \mu + \lambda_i^X + \lambda_j^Y + \lambda_k^Z + \lambda_{ij}^{XY}$	(XY, Z)
$\log m_{ijk} = \mu + \lambda_i^X + \lambda_j^Y + \lambda_k^Z + \lambda_{ij}^{XY} + \lambda_{jk}^{YZ}$	(XY, YZ)
$\log m_{ijk} = \mu + \lambda_i^X + \lambda_j^Y + \lambda_k^Z + \lambda_{ij}^{XY} + \lambda_{ik}^{XZ} + \lambda_{jk}^{YZ}$	(XY, XZ, YZ)
$\log m_{ijk} = \mu + \lambda_i^X + \lambda_j^Y + \lambda_k^Z + \lambda_{ij}^{XY} + \lambda_{ik}^{XZ} + \lambda_{jk}^{YZ} + \lambda_{ijk}^{XYZ}$	(XYZ)

表 3-1 中所列的 5 种模型可以分为三类：第一种模型是（变量）独立模型，最后一种模型是饱和模型，中间的三种模型是不饱和模型。独立模型也属于不饱和模型，由于它的特殊性，我们把它单独列为一类。为了简便起见，模型用表 3-1 后边一栏的符号表示。符号是模型中最高阶项的上角标，对于不饱和模型，如果有独立变量，符号除了最高阶项的上角标外，还有独立项的上角标。

以下是 5 种不同类型的模型。

2.1 变量独立模型（*X*, *Y*, *Z*）

模型

$$\log m_{ijk} = \mu + \lambda_i^X + \lambda_j^Y + \lambda_k^Z$$

表示，对于所有 i、j 和 k，$\pi_{ijk} = \pi_{i++} \, \pi_{+j+} \, \pi_{++k}$，三个变量相互独立，因此在控制第三个变量时，其他两个变量相互独立。假设模型成立，并且 $\lambda_i^X > 0$，那么对于 Y 和 Z 的类别或层次的任意组合，X 第 i 类别或层次的 $\log m_{ijk}$ 大于 X 其他所有类别或层次的 $\log m_{ijk}$ 的总均值。当 $r = 2$，$\lambda_1^X - \lambda_2^X = 2\lambda_1^X$ 时，对于 Y 和 Z 的类别或层次的任意组合，$2\lambda_1^X$ 是 $\log(m_{1jk}/m_{2jk})$ 的常数。

上文谈到，如果一个变量与其他两个变量中的一个条件独立，那么，其他两个变量的边际关联等于它们的偏关联，因此这个模型的三对变量也边际独立。虽然变量独立模型比较简单，参数易于解释，但是它的拟合度很低。

2.2 只有 2 个变量偏关联的模型（*XY*, *Z*）、（*XZ*, *Y*）、（*YZ*, *X*）

这三个模型属于同一类型，解释其中的一个就可以了。以（*XY*, *Z*）为例：

$$\log m_{ijk} = \mu + \lambda_i^X + \lambda_j^Y + \lambda_k^Z + \lambda_{ij}^{XY}$$

式中，参数 $\{\lambda_{ij}^{XY}\}$ 表示在控制 Z 的条件下，X 和 Y 偏关联。模型表示，在分别控制 Y 和 X 的条件下，X-Z 和 Y-Z 独立。如果所有 $\lambda_{ij}^{XY} = 0$，X 和 Y

条件独立，模型还原为变量独立模型。如果将各分表合并，X 和 Y 的边际关联分别和局域关联相等。$X - Y$ 的边际关联之所以等于 $X - Y$ 的局域关联（控制 Z），是因为在控制 Y 的条件下，Z 独立于 X，或者在控制 X 的条件下，Z 独立于 Y。

2.3　除了一对变量是条件独立的，其他变量两两偏关联的模型（*XY*，*YZ*)、(*XY*，*XZ*)、(*XZ*，*YZ*)

以模型（XY，YZ）为例：

$$\log m_{ijk} = \mu + \lambda_i^X + \lambda_j^Y + \lambda_k^Z + \lambda_{ij}^{XY} + \lambda_{jk}^{YZ}$$

式中，$\{\lambda_{ij}^{XY}\}$ 和 $\{\lambda_{jk}^{YZ}\}$ 表示 $X - Y$ 和 $Y - Z$ 偏关联，X 和 Z 之间条件独立（控制 Y）。正因为 X 和 Z 之间条件独立，$X - Y$ 和 $Y - Z$ 的边际关联分别和它们的偏关联相等。但是，因为 Y 与 X 和 Z 分别条件关联，所以 $X - Z$ 的边际关联可能不等于 $X - Z$ 的偏关联（控制 Y）。因此，X 和 Z 之间虽然条件独立（控制 Y），但是可能边际不独立。这种模型是检验两个变量之间虚假关联的重要工具，方法是寻找并控制第三个变量，检验两个变量的条件关联。

2.4　变量两两偏关联的模型（*XY*，*XZ*，*YZ*)

有模型：

$$\log m_{ijk} = \mu + \lambda_i^X + \lambda_j^Y + \lambda_k^Z + \lambda_{ij}^{XY} + \lambda_{ik}^{XZ} + \lambda_{jk}^{YZ}$$

该模型每一对变量条件偏关联，而且在第三个变量的各类别或层次，偏关联相等，但是不一定和边际关联相等，原因是第三个变量和另外两个变量不独立。如果 $\lambda_{ij}^{XY} > 0$，那么在 Z 的各类别或层次，i 和 j 任意组合的期望频次 m_{ijk} 大于 $\lambda_{ij}^{XY} = 0$ 的 m_{ijk}。

2.5　饱和模型（*XYZ*)

有模型：

$$logm_{ijk} = \mu + \lambda_i^X + \lambda_j^Y + \lambda_k^Z + \lambda_{ij}^{XY} + \lambda_{ik}^{XZ} + \lambda_{jk}^{YZ} + \lambda_{ijk}^{XYZ}$$

该模型是三元变量的对数线性模型通式，包含了所有变量及其关联和交互的参数。交互项 λ_{ijk}^{XYZ} 的存在，表明三个变量两两关联，并且在第三个变量的各个层次，偏关联不相等。通式有多少参数呢？因为 $\sum_i \lambda_i^X = 0$，所以有 $r-1$ 个 $\{\lambda_i^X\}$ 独立线性参数。依此类推，因为 $\sum_i \lambda_{ij}^{XY} = \sum_j \lambda_{ij}^{XY} = 0$，所以有 $(r-1)(c-1)$ 个 $\{\lambda_{ij}^{XY}\}$ 独立线性参数。独立线性参数的总数是：

$$1 + (r-1) + (c-1) + (l-1) + (r-1)(c-1) + (r-1)(l+1) +$$
$$(c-1)(l-1) + (r-1)(c-1)(l-1) = rcl$$

rcl 又是三维列联表的单元格总数，所以模型 (XYZ) 被称为饱和模型。

以上介绍的模型一个比一个复杂，而且后面的模型包含了前面模型的所有参数。用符号表示，它们之间的关系如下：

$$(X,Y,Z) \subset (XY,Z) \subset (XY,YZ) \subset (XY,XZ,YZ) \subset (XYZ)$$

对于一组变量，选择哪种模型取决于研究者。研究者认为变量是独立的，就会选变量独立模型。如果认为某两个变量关联或者三个变量两两关联，就会选择变量关联模型。因此，模型的设定是人为的。对于研究者来说，最棘手的问题是，在关联项和交互项增加的同时要控制的变量也会增多，这给变量分析带来很大的麻烦。此外，对于一定的样本量，变量的类别或层次增加，列联表的单元格数目随之增加，频次为 0 的单元格也会越来越多。除非样本量很大，否则会影响统计量的卡方渐进分布。以上问题都是研究者在设定模型时需要考虑的。

3 应用对数线性模型分析数据

如果模型包含一组变量，我们可以利用随机抽样样本数据计算模型的单元格概率和期望频次。然后，通过期望频次和观测频次的比较，估计模型的拟合度，这种方法已经被应用于二维列联表的独立模型。现在以三维列联表为例，讲解模型的期望估计值的求法。

3.1　三维模型的单元格频次和概率估计值

与普通最小平方回归模型不同，对数线性模型和对数概率模型的应变量不能依据模型获得。以对数概率为例，对于每一观测值，$\dfrac{\pi}{1-\pi}$ 只有两个值（0 和无穷）。这样，变量的参数就无法估计。要解决这一问题有很多方法，其中之一是利用变量的观测值求最大似然估计值。

对于任何三维模型，获得 $\{m_{ijk}\}$ 的最大似然估计值要有必要的数据，其他多维模型也是如此。含有三个变量的对数线性模型有不同的类型，所谓的"必要数据"要依模型的类型而定。例如，模型（XY，XZ，YZ）的双因子项全部关联，必要数据包含二维边际频次 $\{n_{ij+}\}$、$\{n_{i+k}\}$ 和 $\{n_{+jk}\}$。表 3 - 2 列出了四种模型及其必要数据。期望单元格频次的最大似然估计值 $\{\hat{m}_{ijk}\}$ 可以用于 G^2，检验 H_0：

$$G^2 = 2 \sum \sum \sum n_{ijk} \log\left(\frac{n_{ijk}}{\hat{m}_{ijk}}\right)$$

表 3 - 2　估计期望频次的必要数据

模　型	必要数据
(X,Y,Z)	$\{n_{i++}\}$，$\{n_{+j+}\}$，$\{n_{++k}\}$
(XY,Z)	$\{n_{ij+}\}$，$\{n_{++k}\}$
(XY,YZ)	$\{n_{ij+}\}$，$\{n_{+jk}\}$
(XY,XZ,YZ)	$\{n_{ij+}\}$，$\{n_{i+k}\}$，$\{n_{+jk}\}$

表 3 - 3 罗列了模型的 $\{\pi_{ijk}\}$、$\{\hat{m}_{ijk}\}$ 和卡方拟合度检验的 df，其中 $\{\pi_{ijk}\}$ 的必要数据来自样本的边际概率。利用 $\{\pi_{ijk}\}$ 可以获得 $\{\hat{m}_{ijk}\}$，例如，如果独立模型（X，Y，Z）确立，首先，

$$\pi_{ijk} = \pi_{i++}\pi_{+j+}\pi_{++k}, \quad 1 \le i \le r, \quad 1 \le j \le c, \quad 1 \le k \le l$$

表 3 – 3   估计期望频次和拟合度检验的自由度

模型	概率	期望频次	自由度	同类模型的数目
(X,Y,Z)	$\pi_{ijk} = \pi_{i++}\,\pi_{+j+}\,\pi_{++k}$	$\hat{m}_{ijk} = n_{i++}\,n_{+j+}\,n_{++k}/n^2$	$rcl - r - c - l + 2$	1
(XY,Z)	$\pi_{ijk} = \pi_{ij+}\,\pi_{++k}$	$\hat{m}_{ijk} = n_{ij+}\,n_{++k}/n$	$(l-1)(rc-1)$	3
(XY,YZ)	$\pi_{ijk} = \left(\dfrac{\pi_{ij+}}{\pi_{+j+}}\right)\left(\dfrac{\pi_{+jk}}{\pi_{+j+}}\right)$	$\hat{m}_{ijk} = n_{ij+}\,n_{+jk}/n_{+j+}$	$c(r-1)(l-1)$	3
(XY,XZ,YZ)	$\theta_{ij(1)} = \cdots = \theta_{ij(1)}$	迭代法	$(r-1)(c-1)(l-1)$	1
(XYZ)		$\hat{m}_{ijk} = n_{ijk}$	0	1

式中的边际概率 $\{\pi_{i++}\}$ 的最大似然估计值是随机抽样样本概率 $\{p_{i++} = n_{i++}/n\}$，用样本概率替代 $\{\pi_{i++}\}$，就可获得 π_{ijk} 的最大似然估计值：

$$\hat{\pi}_{ijk} = p_{i++}\,p_{+j+}\,p_{++k} = \frac{n_{i++}\,n_{+j+}\,n_{++k}}{n^3}$$

于是，期望频次 m_{ijk} 的估计值：

$$\hat{m}_{ijk} = n\,\hat{\pi}_{ijk} = \frac{n_{i++}\,n_{+j+}\,n_{++k}}{n^2}$$

模型的卡方检验的 df 等于备择假设模型和零假设模型的决定参数数目之差。对备择模型的唯一约束是 $\sum_i \sum_j \sum_k \pi_{ijk} = 1$，所以线性独立参数的数目是 $rcl - 1$。如果已知 $rcl - 1$ 个单元格的概率，剩余的一个就确定了。如果零假设模型是独立模型，$r-1$ 个 $\{\pi_{i++}\}$、$c-1$ 个 $\{\pi_{+j+}\}$ 和 $l-1$ 个 $\{\pi_{++k}\}$，总共 $r+c+l-3$ 个参数决定 $\{\pi_{ijk} = \pi_{i++}\,\pi_{+j+}\,\pi_{++k}\}$。因此，卡方检验的自由度是：

$$(rcl - 1) - (r + c + l - 3) = rcl - r - c - l + 2$$

有些模型的必要数据是观测的边际频次，而估计期望频次等于边际频次。例如模型 (XY, Z)：

$$\hat{m}_{ij+} = \sum_k \hat{m}_{ijk} = \sum_k \frac{n_{ij+}\,n_{++k}}{n} = \left(\frac{n_{ij+}}{n}\right)\sum_k n_{++k} = n_{ij+}$$

$$\hat{m}_{++k} = \sum_i \sum_j \frac{n_{ij+}\,n_{++k}}{n} = \left(\frac{n_{++k}}{n}\right)\sum_i \sum_j n_{ij+} = n_{++k}$$

这里介绍了部分获取估计期望值的方法，现在的计算机和相关软件完全替代了手工操作，我们只要理解数学原理就可以了。

表 2 - 1 是 2 × 2 × 2 交互表。三个变量：高等教育（S）、被调查者的性别（G）和被调查者的居住地（L）。根据表 2 - 1 的数据，得到 $\{\hat{m}_{ijk}\}$ 和 df，然后算出表 3 - 4 各个模型的 G^2 和 p 值。表 3 - 4 显示，在非饱和模型中，除了模型（SG, SL, GL）外，其他模型的 G^2 和 p 值较差，显著性检验没有超过 0.05 水平。其中，尤以模型（S, G, L）、（SG, L）、（S, GL）、（SG, GL）为最。它们的共同点是，没有 S - L 关联项。这表明高等教育和被调查者的居住地之间有重要的关联，凡是有关联项 S - L 的模型，G^2 明显小于没有该项的同类模型。模型（SG, SL, GL）的变量两两相关，$G^2 = 0.0275$，$p = 0.87$，表明拟合度相当高，几乎达到饱和模型的水平。对表 3 - 4 中的模型进行分析，可以得出结论：三个变量两两关联，其中，高等教育和被调查者居住地的关联最强，高等教育和被调查者性别的关联次之，被调查者的性别和居住地的关联最弱。

表 3 - 4 对数线性模型的拟合度检验，S——高等教育，G——性别，L——居住地

模型	G^2	df	p
（S, G, L）	316.8200	4	0.0000
（SL, G）	23.7258	3	0.0000
（SG, L）	302.1584	3	0.0000
（S, GL）	312.4588	3	0.0000
（SG, SL）	9.0597	2	0.0108
（SG, GL）	297.7927	2	0.0000
（SL, GL）	19.3601	2	0.0001
（SG, SL, GL）	0.0275	1	0.8683
（SGL）	0.0000	0	1.0000

资料来源：中国社会科学院社会学研究所的社会调查。

模型（SG, GL）表示，在控制性别（G）的条件下，高等教育（S）和居住地（L）独立。但是，表 2 - 1 的边际表证明 S - L 关联。因此，模型（SG, GL）并不意味着 S - L 边际表的 S 和 L 独立。边际 S - L 关联不

同于控制 G 的 $S-L$ 偏关联。

表 3-5 罗列了各个模型的估计期望频次 $\hat{m}_{ijk}$，i 是高等教育的类别，j 是被调查者的性别，k 是被调查者的居住地。以模型 (S,G,L) 为例：

$$\hat{m}_{111} = \frac{n_{1++}\, n_{+1+}\, n_{++1}}{n^2} = \frac{881 + 2264 + 3587}{4752^2} = 316.833$$

模型 (S,GL)：

$$\hat{m}_{111} = \frac{n_{1++}\, n_{+11}}{n} = \frac{881 \times 1678}{4752} = 311.094$$

模型 (SG,SL)：

$$\hat{m}_{111} = \frac{n_{11+}\, n_{1+1}}{n_{1++}} = \frac{471 \times 839}{881} = 448.546$$

模型 (SGL)：

$$\hat{m}_{111} = n_{111} = 447.000$$

模型 (SG,SL) 和 (SG,SL,GL) 的估计期望频次接近观测频次。

表 3-5 5 种对数线性模型的估计期望频次

SGL	(S,G,L)	(S,GL)	(SG,SL)	(SG,SL,GL)	(SGL)
111	316.833	311.094	448.546	446.494	447.000
112	102.902	108.642	22.454	24.505	24.000
121	348.181	353.920	390.454	392.506	392.000
122	113.084	107.344	19.546	17.494	18.000
211	1392.125	1366.906	1272.840	1231.506	1231.000
212	452.140	477.358	520.160	561.494	562.000
221	1529.861	1555.080	1475.160	1516.494	1571.000
222	496.874	471.656	602.840	561.506	561.000
G^2	316.825	312.459	9.060	0.028	0
df	4	3	2	1	0
p	0.000	0.000	0.011	0.868	1.000

3.2 模型的比较

如果一组数据的两个模型都有较好的拟合度，就要以关联项为研究重点，然后决定两个模型的取舍。

概率比是变量关联的重要量度，表 3 - 6 列出了表 3 - 5 各个模型估计期望频次的边际关联和偏关联的概率比。例如，模型（SG,SL）的 $G - L$ 偏关联的概率比都等于 1.0：

$$\frac{448.546 \times 19.546}{390.454 \times 22.454} = \frac{1272.840 \times 602.840}{1475.160 \times 520.160} = 1.0$$

该模型的 $G - L$ 边际关联的概率比：

$$\frac{(448.546 + 1272.840)(19.546 + 602.840)}{(390.454 + 1475.160)(22.454 + 520.160)} = 1.06$$

模型（SGL）的偏关联和边际关联的概率比等于观测频次的概率比，原因是 $\hat{m}_{ijk} = n_{ijk}$。总之，单变量的偏关联和边际关联都等于 1，而双变量的偏关联和边际关联等于概率比。

表 3 - 6 概率比估计值

模型	偏关联			边际关联		
	$S - L$	$S - G$	$G - L$	$S - L$	$S - G$	$G - L$
（S,G,L）	1.00	1.00	1.00	1.00	1.00	1.00
（S,GL）	1.00	1.00	1.06	1.00	1.00	1.06
（SG,SL）	8.16	1.33	1.00	8.16	1.33	1.00
（SG,SL,GL）	8.31	1.40	0.81	8.16	1.33	0.87
（SGL）Level1	8.50	1.46	0.86	8.02	1.37	0.84
Level2	8.05	1.33	0.81			

比较每一模型的概率比估计值，可以看出偏关联和边际关联之间的关系：

（S，G，L）

所有偏概率比等于 1，这意味着每一变量的类别合并条件得到满足，所以边际概率比也都为 1。

(S, GL)

只有 $G-L$ 的偏概率比不为 0，偏概率比和对应的边际概率比才相等。因为 $\{n_{GL+}\}$ 是该模型估计期望频次的必要统计量，所以所有 $\hat{m}_{GL+} = n_{GL+}$，$G-L$ 的边际概率比估计值等于观测频次的概率比的估计值。

(SG, SL)

只有 $G-L$ 的偏概率比等于 1。因此，$S-L$ 和 $S-G$ 的偏概率比和边际概率比必然相等。由于 S 与 G 和 L 相关，所以 $S-G$ 的边际概率比不等于偏概率比。因为所有 $\hat{m}_{SG+} = n_{SG+}$ 和 $\hat{m}_{S+L} = n_{S+L}$，$S-L$ 和 $S-G$ 的边际概率比估计值等于观测频次的概率比的估计值。

(SG, SL, GL)

三个变量两两条件关联，因此任何概率比都不为 1，而且任一偏概率比都不与对应的边际概率比相等。因为 $\hat{m}_{S+L} = n_{S+L}$，$\hat{m}_{SG+} = n_{SG+}$ 和 $\hat{m}_{+GL} = n_{+GL}$，所以所有边际概率比估计值等于观测频次的概率比的估计值。

(SGL)

模型含有三因子交互项，所以任意一对变量的两个偏概率比都不相等，但是很接近。换言之，第三个变量的层次对两个变量的偏关联影响不大，这就是模型 (SG, SL, GL) 拟合很好的原因。

3.3 嵌套模型的条件检验

似然比 G^2 的重要性质之一是随着模型的参数（模型的参数必须包含前一个比较简单模型的全部参数）增加，G^2 的值单调减小。表 3 - 4 显示：

$$0 = G^2[(SGL)] \leq G^2[(SG, SL, GL)] \leq G^2[(SL, GL)]$$
$$\leq G^2[(GL, S)] \leq G^2[(S, G, L)]$$

利用 G^2 之差，可以比较两个嵌套模型拟合的优劣。假设模型 2 是模型 1

的特例，并且两个模型含有相同的变量，只是模型 1 的参数多于模型 2。我们可以检验 H_0：模型 1 多出的参数项等于 0。检验统计量：

$$G^2[(2)|(1)] = G^2[(2)] - G^2[(1)]$$

根据 H_0，检验统计量具有渐进卡方分布，*df* 等于两个模型的自由度之差。当两个模型对数据的拟合都不错时，可以应用嵌套模型的条件检验，确定哪个模型更适合。

模型（*SG*，*SL*，*GL*）对高等教育数据的拟合度很好。但是较简单的模型（*SL*，*GL*）可能也适合数据。为了检验模型（*SL*，*GL*）的拟合度，假设 H_0：$\lambda_{ij}^{SG} = 0$（对于所有的 *i* 和 *k*），即 *G* 和 *S* 不关联。利用模型（*SG*，*SL*，*GL*）：

$$\log m_{ijk} = \mu + \lambda_i^S + \lambda_j^G + \lambda_k^L + \lambda_{ij}^{SG} + \lambda_{ik}^{SL} + \lambda_{jk}^{GL}$$

检验统计量：

$$G^2[(SG,SL)|(SG,SL,GL)] = G^2[(SG,SL)] - G^2[(SG,SL,GL)]$$
$$= 9.0597 - 0.0275 = 9.0322$$

$df = 2 - 1 = 1$，$p \approx 0.001$。检验统计量表明，两个模型的拟合度相差较大，H_0 不成立。换言之，变量 $S - G$ 有很强的关联，对模型（*SG*，*SL*，*GL*）的拟合有显著作用。

3.4　参数估计

应用 λ 的公式和估计期望值可以通过计算得到对数线性模型的参数 λ 估计值，这一计算工作无需手算，计算机软件可以代劳。$\hat{\lambda}$ 具有以下性质。

（1）对于对数线性模型，$\hat{\lambda}$ 是 $\{\log n_{ij}\}$ 的线性组合，即 $\sum \alpha_{ij} \log n_{ij}$，$\{\alpha_{ij}\}$ 是一组常数。

（2）$\hat{\lambda}$ 的估计渐进方差为 $\hat{\sigma}^2(\hat{\lambda}) = \sum \alpha_{ij}^2 / \hat{m}_{ij}$。

（3）$\hat{\lambda}$ 具有渐近正态分布。

第（2）和（3）点意味着，大样本的 $z = (\hat{\lambda} - \lambda)/\hat{\sigma}^2(\hat{\lambda})$ 是对 λ

的标准正态偏差。如果所有变量只有两个类别，则 $\hat{\lambda}$ 很容易解释。例如，对于 $2 \times 2 \times 2$ 交互表的饱和模型：

$$
\begin{aligned}
\hat{\lambda}_{111}^{XYZ} &= \left(\frac{1}{8}\right) \log\left[\frac{n_{111} n_{221} n_{122} n_{212}}{n_{121} n_{211} n_{112} n_{222}}\right] \\
&= \left(\frac{1}{8}\right) \log\left(\frac{\hat{\theta}_{11(1)}}{\hat{\theta}_{11(2)}}\right) \\
&= \left(\frac{1}{8}\right) \log\left(\frac{\hat{\theta}_{1(1)1}}{\hat{\theta}_{1(2)1}}\right) \\
&= \left(\frac{1}{8}\right) \log\left(\frac{\hat{\theta}_{(1)11}}{\hat{\theta}_{(2)11}}\right)
\end{aligned} \tag{3-6}
$$

式中，$\left(\frac{1}{8}\right)$ 是变量类别或层次之积的倒数。如果两个变量的样本条件概率比在第三个变量的两个类别或层次上相等，即 $\hat{\theta}_{11(1)} = \hat{\theta}_{11(2)}$，则

$$
\hat{\lambda}_{111}^{XYZ} = 0\left\{\hat{\lambda}_{111}^{XYZ} = \left(\frac{1}{8}\right) \log\left(\frac{\hat{\theta}_{11(1)}}{\hat{\theta}_{11(2)}}\right) = \left(\frac{1}{8}\right) [\log \hat{\theta}_{11(1)} - \log \hat{\theta}_{11(2)}] = 0\right\}
$$

从而表 3-6 中的所有不饱和模型的 $\{m_{ijk}\}$ 也满足

$$
\hat{\lambda}_{111}^{XYZ} = \left(\frac{1}{8}\right) \log\left(\frac{\hat{m}_{111} \hat{m}_{221} \hat{m}_{122} \hat{m}_{212}}{\hat{m}_{121} \hat{m}_{211} \hat{m}_{112} \hat{m}_{222}}\right) = 0
$$

对于 $2 \times 2 \times l$ 交互表，不含有三因子交互项的模型，其关联参数为：

$$
\hat{\lambda}_{11}^{XY} = \left(\frac{1}{4}\right) \log\left(\frac{\hat{m}_{11k} \hat{m}_{22k}}{\hat{m}_{12k} \hat{m}_{21k}}\right), \qquad k = 1, \cdots, l \tag{3-7}
$$

因此，像二维列联表一样，关联参数 $\hat{\lambda}_{11}^{XY}$ 是概率比对数的 $\frac{1}{4}$。如果非饱和模型拟合，高阶 $\hat{\lambda}$ 的符号表示：某些单元格的期望频次高于或低于简单模型单元格的期望频次。

表 3-7 列出了模型（SL，GL）和模型（SGL）的参数估计值。标准值等于估计值除以单调标准误。根据 H_0：$\lambda = 0$，标准值具有渐近正态分布，可与正态表的数值比较。

表 3 − 7　模型（*SGL*）和（*SL*，*GL*）的参数估计值

	模型（*SGL*）		模型（*SL*，*GL*）	
	估计值	标准误	估计值	标准误
μ	5.6554		5.6545	
λ_1^L	0.9730	0.0409	0.9740	0.0405
λ_1^G	0.0265	0.0409	0.0322	0.0219
λ_1^S	− 1.1199	0.0409	− 1.1208	0.0406
λ_{11}^{GL}	− 0.0459	0.0409	− 0.0520	0.0173
λ_{11}^{SL}	0.5283	0.0409	0.5293	0.0406
λ_{11}^{SG}	0.0783	0.0409	0.0843	0.0192
λ_{111}^{SGL}	0.0068	0.0409		

3.5　残差分析

一般来说，检验统计量及其 *p* 值只是提供了简化（或概括性）的用以否定 H_0 的数据。对研究者而言，列联表蕴含丰富的信息，将每一单元格的观测频次和期望频次进行比较能够得到更丰富的信息。例如，一个模型的某些单元格期望频次和观测频次相差较大，为解释变量的关联和交互提供了线索。

由于期望频次受边际频次影响，边际频次大，单元格期望频次的值也大。因此，$n_{ij} - \hat{m}_{ij}$ 是不能充分说明问题的。我们要对残差进行校正，消除边际频次的影响。残差公式有两个。第一个被称为标准化残差公式：

$$R_{ij} = \frac{(n_{ij} - \hat{m}_{ij})}{\sqrt{\hat{m}_{ij}}}, \qquad i = 1,\cdots,r, \quad j = 1,\cdots,c$$

标准化残差和皮尔森卡方统计量有如下关系：

$$\sum R_{ij}^2 = \chi^2$$

如果模型拟合，残差具有均值为 0 的渐近正态分布，方差均值等于 *df* /单元格总数。因为 *df* < 单元格总数，所以随着单元格数目的增多，R_{ij} 的渐近

方差会逐渐减少。这是标准化残差公式的缺点。

第二个被称为校正残差公式：

$$R_{ij} = \frac{(n_{ij} - \hat{m}_{ij})}{\sqrt{\hat{m}_{ij}(1 - p_{i+})(1 - p_{+j})}} \tag{3-8}$$

式中，$\hat{m}_{ij} = n_{i+}n_{+j}/n$。

如果 H_0 为真，各个校正残差具有大样本标准正态分布。如果一个校正残差的绝对值大于 2 或 3，H_0 就不适用于该单元格。我们以表 1 - 4 的受教育程度数据为例，说明残差的用途。第一章的 2.5 节指出受教育程度和家庭收入交互频次分布的 $G^2 = 312.25$，$df = 6$，$p < 0.001$，所以变量之间关联较强。表 3 - 8 列出了受教育程度和家庭收入独立模型的标准化残差和校正残差（括号中数值），其中，家庭收入被分为 4 个层次：下下、中下、中上和上上，受教育程度被分为三个层次：小学、中学和大学。两个变量层次一致（同低或同高）的残差是正值，两个变量层次不一致的残差是负值。表 3 - 8 中的残差分布从左上到右下基本上是正值，这显示了一种趋势：家庭收入越高，受教育程度越高，说明家庭收入和受教育程度之间有较强的正相关，否定了变量家庭收入和受教育程度独立的零假设。

表 3 - 8　受教育程度和家庭收入独立模型的标准化残差和校正残差（括号中数值）

	小学	中学	大学
下下	11.345(13.938)	- 1.685(- 3.381)	- 6.507(- 8.234)
中下	- 1.196(- 1.650)	1.828(4.119)	- 2.456(- 3.490)
中上	- 6.435(- 8.311)	- 0.105(- 0.211)	5.711(7.616)
上上	- 4.392(- 4.897)	- 1.049(- 1.909)	5.756(6.611)

资料来源：中国社会科学院社会学研究所的社会调查。

4　对数线性模型和定序数据

二维列联表 1 - 4 的数据是三维列联表 3 - 9——家庭收入、受教育程度和家庭成分的 4 × 3 × 4 交互表——的边际分布。表 3 - 10 罗列了几个对数线性模型应用表 3 - 9 的数据的拟合结果。三个变量：S = 家庭收入，是定序变量；G = 受教育程度，如果将小学、中学和大学用受教育年数表示，可以把受教育程度看作定序变量；C = 家庭成分，是定类变量。家庭成分被分为 4 个类别：革命家庭（革命干部、革命军人家庭）、工农（工人、贫农、下中农）家庭、"黑五类"（地主、富农、反革命分子、右派分子、坏分子）家庭、一般家庭（其余各类）。虽然三个变量中有两个定序变量，我们仍然可以将它们简单地作为定类变量处理，但是模型的参数值和拟合度要受到影响。下一章将应用变量的定序性质，证明模型的参数值和拟合度会有很大改善。

表 3 - 9 家庭收入、家庭成分和受教育程度的交互分类

					受教育程度							
收入	革命家庭			工农家庭			"黑五类"家庭			一般家庭		
	小学	中学	大学	小学	中学	大学	小学	中学	大学	小学	中学	大学
下下	0	2	2	234	581	87	9	14	4	47	105	20
中下	0	14	14	182	1021	202	10	26	6	44	262	80
中上	2	20	21	77	732	230	4	33	11	27	203	104
上上	0	14	15	9	131	42	0	12	14	5	45	34

资料来源：中国社会科学院社会学研究所的社会调查。

在表 3 - 10 中，含一个关联项的模型和含两个关联项的模型分别有三个。这两类模型有一个共同点：凡是含 SG 的模型，G^2 均比其他同类模型的 G^2 小，说明家庭收入和受教育程度的关联较为密切。在含有一个关联项的模型中，模型 (SG, C) 拟合得最好，$G^2 = 234.18$，$df = 33$。该模型表示，受教育程度和家庭收入关联，但是两者分别与家庭成分独立。为了检验 $S - G$ 是否关联，应用下式：

$$G^2[(C,S,G)|(SG,C)] = G^2[(C,S,G)] - G^2[(SG,C)]$$
$$= 532.22 - 234.18 = 298.04$$

表 3-10 家庭收入、家庭成分和受教育程度的对数线性模型的拟合度检验

模型	G^2	df	p
(C,S,G)	532.2207	39	0.0000
(SG,C)	234.1785	33	0.0000
(CG,S)	429.2124	33	0.0000
(SC,G)	388.2827	30	0.0000
(CG,SG)	131.1702	27	0.0000
(SG,SC)	90.2406	27	0.0000
(CG,SC)	285.2744	24	0.0000
(CG,SG,SC)	20.0812	18	0.3283
(CSG)	0	0	1.0000

$df = 39 - 33 = 6$，$p < 0.001$，说明模型 (SG,C) 比模型 (C,S,G) 有了很大改进，而模型 (CG,S) 和 (SC,G) 与独立模型的比较结果都不如模型 (SG,C)，说明关联项 SG 的效应最大。此外，含有 SC 项的模型，特别是模型 (SG,SC)，其 G^2 也有较大改进，说明受教育程度和家庭成分也有较密切的关联。根据表 3-9 的数据，按家庭成分划分的受教育程度的比率如下。

大学：革命家庭 50.00%，"黑五类" 家庭 24.48%，一般家庭 24.39%，工农家庭 15.90%。革命家庭的比率最高，比工农家庭多 34.10 个百分点，比 "黑五类" 家庭和一般家庭多一半强。"黑五类" 家庭和一般家庭比工农家庭多近 9 个百分点。

中学：工农家庭 68.82%，一般家庭 63.03%，"黑五类" 家庭 59.44%，革命家庭 48.08%。工农家庭的比率最高，比一般家庭多 5.79 个百分点，比 "黑五类" 家庭多 9.4 个百分点，比革命家庭多 20.7 个百分点。

小学："黑五类" 家庭 16.08%，工农家庭 14.23%，一般家庭 12.60%，革命家庭 1.92%。"黑五类" 家庭的比率最高，比革命家庭多 14.16 个百分点，比一般家庭多 3.48 个百分点，比工农家庭多 1.85 个百分点。

以上数据显示，受教育程度每一层次的最高比率分属不同家庭，这也证实了受教育程度和家庭成分相关联。

受教育程度和家庭收入相关联还可以用参数估计值来证明。

表 3 – 11 是 $\{\hat{\lambda}^{SG}\}$ 的标准值。$\hat{\lambda}^{SG}$ 的较大正值出现在左上角（0.8523）和右下角（0.6560），较大的负值出现在右上角（- 0.7286）和左下角（- 0.7205）。这说明，随着家庭收入的增加，受教育程度有提高的线性趋势。这一趋势也体现在表 3 - 8 的残差分布上。

表 3 – 11　*G – S* 关联参数估计值的标准值，模型（*CG*，*SG*）

	下下	中下	中上	上上
小学	0.8523	0.1760	- 0.2997	- 0.7286
中学	- 0.1318	0.0317	0.0275	0.0726
大学	- 0.7205	- 0.2077	0.2722	0.6560

总之，残差分布、嵌套模型的 G^2 比较和模型的参数都可以用于检测变量之间的关联。

第 4 章

定序变量的对数线性模型

1 二元定序变量的对数线性模型

当二维列联表的两个变量是定序的时，对数线性模型稍微复杂一些。像其他定序数据列联表的量度一样，对数线性模型也要给所有的行和列赋值。行和列的赋值分别用 $\{u_i\}$ 和 $\{v_j\}$ 表示，并且 $u_1 < u_2 < \cdots < u_r$ 和 $v_1 < v_2 < \cdots < v_c$。在本章中，赋值取各行和各列的中点，并且距离相等，这样便于解释。

1.1 模型的结构

二元定序变量的对数线性模型的通式为：

$$\log m_{ij} = \mu + \lambda_i^X + \lambda_j^Y + \beta(u_i - \bar{u})(v_j - \bar{v}) \qquad (4-1)$$

式中，$\sum \lambda_i^X = \sum \lambda_j^Y = 0$。这个模型只比二维列联表的独立模型多一个参数 $\beta(u_i - \bar{u})(v_j - \bar{v})$，所以检验拟合度的 $df = (r-1)(c-1) - 1 = rc - r - 1$。

二元定类变量的对数线性模型的通式为：

$$\log m_{ij} = \mu + \lambda_i^X + \lambda_j^Y + \lambda_{ij}^{XY} \tag{4 - 2}$$

两个模型的不同之处在于关联项：二元定序变量的对数线性模型 4 - 1 的关联项为 $\beta(u_i - \bar{u})(v_j - \bar{v})$，二元定类变量的对数线性模型 4 - 2 的关联项为 λ_{ij}^{XY}。当 $\beta = 0$ 时，模型 4 - 1 被还原为变量独立模型：

$$\log m_{ij} = \mu + \lambda_i^X + \lambda_j^Y$$

因此，关联项 $\beta(u_i - \bar{u})(v_j - \bar{v})$ 反映了模型 4 - 1 与独立模型之间的偏差。当 $\beta > 0$ 时，模型中 X 大 Y 也大或 X 小 Y 也小的观测值比独立模型的多。当 $\beta < 0$ 时，模型中 X 大 Y 小或 X 小 Y 大的观测值也比独立模型的多。

模型 4 - 1 与独立模型的偏差在 X 给定时，Y 是线性的，或者在 Y 给定时，X 是线性的。例如，在行 i 给定的条件下，偏差是 Y 的线性函数，斜率为 $\beta(u_i - \bar{u})$。同理，在列 j 给定的条件下，偏差是 X 的线性函数，斜率为 $\beta(v_j - \bar{v})$。正因为有这种关系，模型 4 - 1 也被称为"线性对线性关联模型"。

对于独立模型，不同行而同列的两个单元格的对数期望频次之比为：

$$\log\left(\frac{m_{bj}}{m_{aj}}\right) = \log m_{bj} - \log m_{aj}$$

对于所有的列 j，$(\log m_{bj} - \log m_{aj})$ 是常数。

对于非独立模型 4 - 1，

$$\log m_{bj} = \mu + \lambda_b^X + \lambda_j^Y + \beta(u_b - \bar{u})(v_j - \bar{v})$$
$$\log m_{aj} = \mu + \lambda_a^X + \lambda_j^Y + \beta(u_a - \bar{u})(v_j - \bar{v})$$

两式相减，得：

$$\log m_{bj} - \log m_{aj} = (\lambda_b^X - \lambda_a^X) + \beta(u_b - u_a)(v_j - \bar{v})$$
$$\log\frac{m_{bj}}{m_{aj}} = (\lambda_b^X - \lambda_a^X) + \beta(u_b - u_a)(v_j - \bar{v})$$

这个式子表示 b 行和 a 行的同一列对数期望频次比是 Y 的线性函数，斜率

为 $\beta(u_b - u_a)$，$(v_j - \bar{v})$ 表示变量 Y。对于任意两行 $a < b$，如果 $\beta > 0$，b 行 Y 的观测频次要大于 a 行 Y 的观测频次。事实上，当 $\beta > 0$ 时，b 行的条件 Y 分布随机高于 a 行的条件 Y 分布，也就是说，b 行的概率分布在 Y 的高层次要大于 a 行；当 $\beta < 0$ 时，情况相反。

对于普通最小平方回归，斜率是应变量和解释变量的比率 $tg\alpha$，对数线性模型的斜率 β 是什么呢？上文提到，在处理二元定序变量时，我们用 $\beta(u_i - \bar{u})(v_j - \bar{v})$ 替代关联项 λ_{ij}^{XY}，用以描述变量 X 和 Y 的线性关联趋势。对于二维列联表，

$$\lambda_{ij}^{XY} = \log\left(\frac{m_{ij}/m_{i,j+1}}{m_{i+1,j}/m_{i+1,j+1}}\right) = \log\left(\frac{m_{ij}m_{i+1,j+1}}{m_{i,j+1}m_{i+1,j}}\right)$$

设列联表的任意两行为 a 和 b，且 $a < b$；两列为 c 和 d，且 $c < d$。用 a，b，c，d 替代上式的角标，并用 $\beta(u_i - \bar{u})(v_j - \bar{v})$ 替代 λ_{ij}^{XY}，

$$\log\left(\frac{m_{ac}m_{bd}}{m_{ad}m_{bc}}\right) = \beta(u_b - u_a)(v_d - v_c)$$

因此，对数概率比与行距之差和列距之差的积成比例。如果赋值 u_i 和 v_j 的间距为 1，即 $u_b - u_a = v_d - v_c = 1$，对数概率比就等于 β。换言之，对数线性模型的斜率 β 就是二维列联表的对数概率比。

1.2 均匀关联对数线性模型

作为模型 4 - 1 的特例，均匀关联模型要求行和列具有间距相等的赋值：$u_2 - u_1 = u_3 - u_2 = \cdots = u_r - u_{r-1}$，$v_2 - v_1 = v_3 - v_2 = \cdots = v_c - v_{c-1}$。这样，所有相邻两行和两列的局域概率比

$$\theta_{ij} = \frac{(m_{ij}m_{i+1,j+1})}{(m_{i,j+1}m_{i+1,j})}$$

都相等。当以上的行和列的间距都等于 1 时，所有的 $\theta_{ij} = \exp(\beta)$，即：$\log\theta_{ij} = \beta$。因此，当相邻行和列赋值的间距为 1 时，均匀关联对数线性模型的所有 β 都相等，这有利于对 β 进行解释。

1.3　对数线性行效应模型

对于二维列联表，两个变量可能一个是定序的，另一个是定类的。有时，即使变量都是定序的，研究人员只将应变量保留为定序的，而将解释变量改为定类的。这样，模型中关联项的值可以被看作是沿着定序变量的方向偏离变量独立模型 $\log m_{ij}$ 的差。利用定序应变量 Y 的赋值，对数线性模型变为：

$$\log m_{ij} = \mu + \lambda_i^X + \lambda_j^Y + \tau_i(v_j - \bar{v}) \tag{4 – 3}$$

式中，$\sum \lambda_i^X = \sum \lambda_j^Y = \sum \tau_i = 0$，$\{v_j\}$ 为 Y 的赋值，$\{\tau_i\}$ 是参数，其中 $r-1$ 个 τ_i 是线性独立的。模型的自由度 $df = rc - [1 + (r-1) + (c-1) + (r-1)] = (r-1)(c-2)$。当 $c > 2$ 时，模型不饱和。模型 4 – 3 被称为"对数线性行效应模型"。

当所有 $\tau_i = 0$ 时，模型 4 – 3 被还原为变量独立模型。因此，模型 4 – 3 的关联项 $\tau_i(v_j - \bar{v})$ 反映了该模型和变量独立模型两者之间的 $\log m_{ij}$ 偏差。$\{\tau_i\}$ 可以被解释为行效应：在特定行内，模型 4 – 3 和变量独立模型之间的偏差是定序变量的线性函数，斜率是 τ_i。如果 $\tau_i > 0$，那么在 i 行，赋值大于 $\bar{v}$ 的观测值概率大于变量独立模型相应的观测值概率；如果 $\tau_i < 0$，和变量独立模型比较，i 行的观测值更多地落在列变量 Y 的赋值尺度的低端。

对于确定的两行 a 和 b：

$$\log m_{bj} - \log m_{aj} = (\lambda_b^X - \lambda_a^X) + (\tau_b - \tau_a)(v_j - \bar{v})$$

$$\log \frac{m_{bj}}{m_{aj}} = (\lambda_b^X - \lambda_a^X) + (\tau_b - \tau_a)(v_j - \bar{v})$$

上式表明，b 和 a 两行的同列期望频次之比的对数之差是定序变量 Y 的线性函数，斜率是 $\tau_b - \tau_a$。如上文所述，当变量独立时，该斜率为常数。如果 $\tau_b > \tau_a$，则 b 行的条件 Y 分布随机高于 a 行的条件 Y 分布。因此，$\{\tau_i\}$ 可以被用于比较行与行之间应变量 Y 的分布趋势。

对数概率比也可以解释 $\{\tau_i\}$。对于任意两行 a 和 b，任意两列 c 和 d

$(c < d)$：

$$\log\left(\frac{m_{ac}m_{bd}}{m_{ad}m_{bc}}\right) = (\tau_b - \tau_a)(v_d - v_c) \tag{4-4}$$

可以看出，对数概率比和列距 $v_d - v_c$ 成比例，而且当 $\tau_b - \tau_a > 0$ 时，总是正的。当行的赋值间距为 1 时，对于 $c - 1$ 组的相邻两列，对数概率比为常数，等于 $\tau_b - \tau_a$，

$$\log\left(\frac{m_{ac}m_{bd}}{m_{ad}m_{bc}}\right) = (\tau_b - \tau_a)$$

因此，$\tau_b - \tau_a$ 可以作为两行的条件 Y 分布之差的自然量度。

如果行变量是定序的，赋值为 $\{u_i\}$，并且列变量是定类的，那么关联项就是 $\rho_j(u_i - \bar{u})$，模型被称为对数线性列效应模型：

$$\log m_{ij} = \mu + \lambda_i^X + \lambda_j^Y + \rho_j(u_i - \bar{u})$$

如果相邻两行赋值的间距都相等，模型的关联项相同，则是模型 4 - 3 的特例。

对于行为定类变量、列为定序变量的二维列联表，两行互换不影响对数线性行效应模型（G^2 不变）。对于行与列都是定序变量的二维列联表，如果每行的 $\log m_{ij}$ 与变量独立模型的偏差是非线性的，两列也可互换。如果研究侧重于比较一行的列变量的条件分布，则也可以互换两列。当 $\tau_i = \beta(u_i - \bar{u})$ 时，模型 4 - 1 就变为模型 4 - 3。

下面以党派和政治意识的关联为例，说明对数线性行效应模型的使用方法。

变量有两个：政治意识（定序变量），党派（定类变量）。表 4 - 1 给出的是变量独立模型和对数线性行效应模型的观测频次与估计期望频次。在对数线性行效应模型定序赋值尺度的高端，估计期望频次与观测频次的拟合大大好于变量独立模型的频次拟合，说明对数线性行效应模型好于变量独立模型。党派对政治意识的估计效应：$\hat{\tau}_1 = -0.495$，$\hat{\tau}_2 = -0.224$，$\hat{\tau}_3 = 0.719$。随着党派的变更，$\hat{\tau}$ 从负值渐变为正值。这说明在三个党派中，民主党（第一行）的政治意识最自由，共和党（第三行）的政治意识最保守。

表 4 - 1 变量独立模型和对数线性行效应模型的观测频次与估计期望频次

党派	政治意识			
	自由	适中	保守	总数
民主党	143 (102.0)[a] (136.6)[b]	156 (161.4) (168.7)	100 (135.6) (93.6)	399
无党派	119 (120.2) (123.8)	210 (190.1) (200.4)	141 (159.7) (145.8)	470
共和党	15 (54.7) (16.6)	72 (86.6) (68.9)	127 (72.7) (128.6)	214

注：a. 变量独立模型的估计期望频次；b. 对数线性行效应模型的估计期望频次。
资料来源：1976 年威斯康星州总统选举投票数据。

在对数线性行效应模型的赋值取连续整数时，相邻两列的概率比是常数。在此例中，政治意识是列变量，适中和保守两个层次之比与自由和适中两个层次之比相等：$\hat{\tau}_3 - \hat{\tau}_1 = 1.214$，$\exp(1.214) = 3.37$。这意味着，共和党的政治意识在保守和适中两个层次上比民主党高 3.37 倍。

这一数值等于对数线性行效应模型估计期望频次的概率比：

$$3.37 = \frac{(168.7 \times 128.6)}{(93.6 \times 68.9)} = \frac{(136.6 \times 68.9)}{(168.7 \times 16.6)}$$

同样，无党派和民主党、共和党和无党派在政治意识上的概率比分别为 $\exp(\hat{\tau}_2 - \hat{\tau}_1) = 1.31$，$\exp(\hat{\tau}_3 - \hat{\tau}_2) = 2.57$。

表 4 - 2 列出了表 4 - 1 中变量独立模型和对数线性行效应模型的 G^2 与 df，以及两个模型的差值。显然，对数线性行效应模型的拟合度非常好。

表 4 - 2 模型的拟合度

类型	G^2	df
变量独立模型(I)	105.66	4
对数线性行效应模型(R)	2.81	2
两个模型之差	102.85	2

1.4 变量独立模型的条件检验

对于对数线性行效应模型，两个变量关联显著性检验的假设 $H_0 : \tau_1 = \cdots = \tau_r = 0$。如果该假设成立，则两个变量独立。变量独立的检验统计量为：

$$G^2(I \mid R) = G^2(I) - G^2(R) \tag{4-5}$$

$df = (r-1)(c-1) - (r-1)(c-2) = r-1$。和 $G^2(I)$ 相比，$G^2(I \mid R)$ 检验应用了应变量的赋值尺度，自由度较小，因而发现变量相关的能力更强。如表 4-2 所示，$G^2(I \mid R) = 105.66 - 2.81 = 102.85$，$df = 2$。查表可知，$p < 0.001$，两个模型的拟合度相差很大，说明关联项的效应很强，也就是说，变量之间有很强的关联。

如果比较解释变量（定类变量）任意两行在应变量（定序变量）上的差异，研究假设是 $H_0 : \tau_a = \tau_b$，检验统计量不变，仍是 $G^2(I \mid R)$，自由度 $df = 1$。用于建构 $\tau_b - \tau_a$ 的置信区间的标准误为：

$$\sqrt{\sigma^2(\hat{\tau}_a) + \sigma^2(\hat{\tau}_b) - 2cov(\hat{\tau}_a, \hat{\tau}_b)}$$

根据表 4-1 的数据，任意两个党派的政治意识都有明显的差别：$\tau_1 < \tau_2 < \tau_3$。

2 多元定类和定序变量的对数线性模型

2.1 多元定类变量对数线性模型的结构

研究多维列联表变量之间的关联需要对两个变量之外的变量加以控制。我们以三维列联表为例，讲解多维对数线性模型。三维变量独立模型

$$\log m_{ijk} = \mu + \lambda_i^X + \lambda_j^Y + \lambda_k^Z \tag{4-6}$$

包含所有双因子的三维模型：

$$\log m_{ijk} = \mu + \lambda_i^X + \lambda_j^Y + \lambda_k^Z + \lambda_{ij}^{XY} + \lambda_{ik}^{XZ} + \lambda_{jk}^{YZ} \tag{4-7}$$

除以上两种模型外，从三维变量独立模型到三维对数线性饱和模型，其中有很多形式的不饱和对数线性模型。如果三因子交互模型没有包含所有的三因子交互参数$\{\lambda_{ijk}^{XYZ}\}$，则也属于不饱和模型。

对于二维和多维对数线性模型，我们的关注点永远是变量之间的独立和相关关系，因此概率比总是首选。对于三维对数线性模型，对数概率比$\{\theta_{ij(k)}\}$、$\{\theta_{i(j)k}\}$、$\{\theta_{(i)jk}\}$表示在第三个变量（括号内的符号表示第三个变量的类别或层次）的某一类别或层次，另外两个变量的局域条件关联。

三因子交互的概率比如下：

$$\theta_{ijk} = \frac{\theta_{ij(k+1)}}{\theta_{ij(k)}} = \frac{\theta_{i(j+1)k}}{\theta_{i(j)k}} = \frac{\theta_{(i+1)jk}}{\theta_{(i)jk}} \qquad (4-8)$$

以$\dfrac{\theta_{ij(k+1)}}{\theta_{ij(k)}}$为例，解释如下：$k$ 和 $k+1$ 表示第三个变量的两个相邻的类别或层次，$\theta_{ij(k)}$ 和 $\theta_{ij(k+1)}$ 分别表示这两个类别或层次的概率比，它们的比率是θ_{ijk}。如果所有 $(r-1)(c-1)(l-1)$ 个 θ_{ijk} 都等于 1，则三因子之间就不存在交互作用。

2.2 三个定序变量的对数线性模型

设 X、Y 和 Z 是三个定序变量，$\{u_i\}$、$\{v_j\}$ 和 $\{w_k\}$ 分别为各变量层次的赋值。于是，三个定序变量两两关联的对数线性模型如下：

$$\begin{aligned} \log m_{ijk} = {} & \mu + \lambda_i^X + \lambda_j^Y + \lambda_k^Z + \beta^{XY}(u_i - \bar{u})(v_j - \bar{v}) \\ & + \beta^{XZ}(u_i - \bar{u})(w_k - \bar{w}) + \beta^{YZ}(v_j - \bar{v})(w_k - \bar{w}) \end{aligned} \qquad (4-9)$$

式中，β^{XY}、β^{XZ} 和 β^{YZ} 是三个定序变量两两关联的参数，$df = rcl - r - c - l - 1$。该模型不是独立的，也不是饱和的。

模型 4-9 的 $\log m_{ijk}$ 与变量独立模型的偏差是（Y 和 Z 给定时）X、（X 和 Z 给定时）Y 和（X 和 Y 给定时）Z 的线性函数。因为模型没有三因子项，所以所有 θ_{ijk} 都等于 1，变量两两偏关联在第三个变量的各个层次都一样。

如果对三个变量进行连续整数赋值，局域条件对数概率比可以简化为：

$$
\begin{aligned}
\log\theta_{ij(k)} &= \beta^{XY} \\
\log\theta_{i(j)k} &= \beta^{XZ} \\
\log\theta_{(i)jk} &= \beta^{YZ}
\end{aligned}
\tag{4-10}
$$

不难看出，三对变量的局域条件对数概率比的形式一样，而且在第三个变量的各个层次，两个变量的关联强度一样，所以模型 4-9 被称为同质均匀关联模型。只有在同质均匀关联模型的拟合度很好的前提下，β 才能准确地反映简单的变量间的关联。如果在模型拟合度好并且某一 β 为 0 的情况下，则三个变量相互独立。在 Z 给定时，X 和 Y 的独立检验统计量是 $\beta^{XY}=0$ 的模型和模型 4-9 的 G^2 之差，$df=1$。

然而，模型 4-9 太简单，所有定序变量的层次序列都没有使用，所以拟合度较差。在这种情况下，要采用形式较为复杂的关联项。我们以后再介绍这类模型。

2.3 定序和定类变量的混合对数线性模型

对于有数个定序变量和数个定类变量的多维列联表，可以应用上述的对数线性行效应模型。例如：X 是定类变量，Y 和 Z 是定序变量，模型为：

$$
\begin{aligned}
\log m_{ijk} = {}& \mu + \lambda_i^X + \lambda_j^Y + \lambda_k^Z + \tau_i^{XY}(v_j - \bar{v}) + \tau_i^{XZ}(w_k - \bar{w}) \\
& + \beta^{YZ}(v_j - \bar{v})(w_k - \bar{w})
\end{aligned}
\tag{4-11}
$$

式中，$\sum\lambda_i^X = \sum\lambda_j^Y = \sum\lambda_k^Z = \sum\tau_i^{XY} = \sum\tau_i^{XZ} = 0$。除了三因子交互项外，该模型还包括所有二元变量的关联项。$Y-Z$ 关联项是二元定序变量的关联形式，与线性对线性关联模型 4-1 的关联项一样。定类变量的 $X-Y$ 关联项和定序变量的 $X-Z$ 关联项与对数线性行效应模型 4-3 的关联项一样。

如果定序变量的赋值为连续整数，则

$$\log\theta_{ij(k)} = \tau_{i+1}^{XY} - \tau_i^{XY}$$

$$\log\theta_{i(j)k} = \tau_{i+1}^{XZ} - \tau_i^{XZ}$$

$$\log\theta_{(i)jk} = \beta^{YZ}$$ (4 – 12)

$$\log\theta_{ijk} = 0$$

其中，β 是 Y 和 Z 之间的均匀关联项，并且行效应在 X 各类别的值相同。$\{\tau_i^{XY}\}$ 是 X 对 X – Y 关联的行效应，并且行效应在 Z 的各层次是同质的。同样，$\{\tau_i^{XZ}\}$ 是 X 对 X – Z 关联的行效应，并且行效应在 Y 的各层次是同质的。

如果三个变量中的 X 和 Y 是定类的，Z 是定序的，则模型变成

$$\log m_{ijk} = \mu + \lambda_i^X + \lambda_j^Y + \lambda_k^Z + \lambda_{ij}^{XY} + \tau_i^{XZ}(w_k - \bar{w}) + \tau_j^{YZ}(w_k - \bar{w}) \quad (4 – 13)$$

式中，$\sum\lambda_i^X = \sum\lambda_j^Y = \sum\lambda_k^Z = \sum\tau_i^{XZ} = \sum\tau_j^{YZ} = \sum\lambda_{ij}^{XY} = \sum_j\lambda_{ij}^{XY} = 0$。关联项 $\{\lambda_{ij}^{XY}\}$ 表示定类变量之间的关联。参数 $\{\tau_i^{XZ}\}$ 和 $\{\tau_j^{YZ}\}$ 分别表示定类变量 X 和 Y 的随机类别、定序变量 Z 的条件分布。因此，对结构关联项的解释变得更容易了。

表 4 – 3 罗列了本节介绍的三个模型的关联项以及用于拟合度检验的自由度。对于 $2 \times 2 \times 2$ 列联表，这三个模型等同于定类变量的标准模型，只是关联项的形式变了。但是，当变量的类别增多时，定序变量的结构关联项要比定类变量的关联项更易于解释，这是三个模型的长处。

表 4 – 3　三维列联表对数线性模型的线性定序效应关联项和自由度

定序变量	关联项			df
	X – Y	X – Z	Y – Z	
X, Y, Z	$\beta^{XY}(u_i - \bar{u})(v_j - \bar{v})$	$\beta^{XZ}(u_i - \bar{u})(w_k - \bar{w})$	$\beta^{YZ}(v_j - \bar{v})(w_k - \bar{w})$	$rcl - r - c - l - 1$
Y, Z	$\tau_i^{XY}(v_j - \bar{v})$	$\tau_i^{XZ}(w_k - \bar{w})$	$\beta^{YZ}(v_j - \bar{v})(w_k - \bar{w})$	$rcl - 3r - c - l + 3$
Z	λ_{ij}^{XY}	$\tau_j^{XZ}(w_k - \bar{w})$	$\tau_j^{YZ}(w_k - \bar{w})$	$rcl - rc - r - c - l + 3$

上一章表 3 – 10 给出了不同对数线性模型处理受教育程度数据的卡方统计量和自由度。其中模型（SG，C）的 $G^2 = 234.18$，$df = 33$；模型（SG，SC）的 $G^2 = 90.24$，$df = 27$。后者的拟合度明显好于前者，说明除

了家庭收入和受教育程度密切关联外，家庭成分和受教育程度也有较强的关联。但是，两个模型都是将变量 G 和 S 作为定类变量处理的，这在一定程度上影响了模型的拟合度。

模型 4-14 应用了变量的定序性质，关联项 β^{GS} 取代了定类变量的关联项 λ_{ik}^{GS}：

$$\log m_{ijk} = \mu + \lambda_i^G + \lambda_j^C + \lambda_k^S + \lambda_{ij}^{CG} + \beta^{GS}(u_i - \bar{u})(v_k - \bar{v}) \qquad (4-14)$$

当赋值为连续整数时，该模型的 $G^2 = 36.35$，$df = 32$，$p \approx 0.30$。该模型表明，对于各种家庭成分，$G-S$ 的偏关联是均匀关联，并且对每种家庭收入，受教育程度都独立于家庭成分。在这个模型中，虽然家庭收入是定序变量，但是 $C-G$ 关联项用通式 λ_{ij}^{CG} 而非结构 $\tau_j^{CG}(u_i - \bar{u})$，原因是 $C-G$ 的边际分布被视为固定的。

如果模型 4-14 拟合，并且 $\beta^{GS} = 0$，则受教育程度和家庭收入相互独立。但是，$\beta^{GS} = 0$ 的模型是 (CG, S)，其检验统计量是 $G^2 = 429.21$，与模型 4-14 的 $G^2 = 36.35$ 相差甚远。由于模型 (CG, S) 假设家庭收入与受教育程度和家庭成分无关，其拟合度明显不如 $G-S$ 均匀关联模型。虽然模型 (CG, SG, SC) 含 $C-G$ 关联项，比模型 4-14 多一个关联项，但是模型 4-14 的拟合度与其相差不大，$G^2 = 36.35 - 20.08 = 16.27$，$df = 32 - 18 = 14$，$p \approx 0.30$。总之，在我们应用变量的定序性质后，模型的拟合会有很大改善。表 4-4 给出了表 3-10 的几个嵌套对数线性模型的统计结果。

表 4-4　利用对数线性模型对受教育程度 (G)、家庭收入 (S) 和家庭成分 (C) 进行分析

关联项			G^2	df	G^2 之差	df 之差
$C-G$	$G-S$	$C-S$				
λ_{ij}^{CG}	—	—	429.21	33		
λ_{ij}^{CG}	λ_{ik}^{GS}	—	90.24	27	338.97	6
λ_{ij}^{CG}	β_{ik}^{GS}	—	36.35	32	53.89	5
λ_{ij}^{CG}	λ_{ik}^{GS}	λ_{jk}^{CS}	20.08	18	16.27	14

　　总之，模型 4 – 14 适当描述了数据并且证明了 $G - S$ 之间的强关联。这是将变量全部视为定类变量的模型所不及的。

3　含交互项的模型

　　当三个变量 X、Y 和 Z 是定序的时，交互模型为：

$$\log m_{ijk} = \mu + \lambda_i^X + \lambda_j^Y + \lambda_k^Z + \beta^{XY}(u_i - \bar{u})(v_j - \bar{v}) + \beta^{XZ}(u_i - \bar{u})(w_k - \bar{w})$$
$$+ \beta^{YZ}(v_j - \bar{v})(w_k - \bar{w}) + \beta^{XYZ}(u_i - \bar{u})(v_j - \bar{v})(w_k - \bar{w}) \tag{4 – 15}$$

因为该模型只比模型 4 – 9 多一项，所以 $df = rcl - r - c - l - 2$。当 r、c 和 l 大于 2 时，该模型是不饱和的。

3.1　均匀交互模型

　　如果将列联表按照相邻行、相邻列和相邻层次分解为若干 $2 \times 2 \times 2$ 子表，并且各定序变量的赋值是连续整数时，模型 4 – 15 的交互项变为：

$$\log \theta_{ijk} = \beta^{XYZ} \tag{4 – 16}$$

式 4 – 16 表明，对于所有子表，局域交互项是常数，等于 β^{XYZ}，所以模型被称为均匀交互模型。对于 Z 的一特定的层 k，X 和 Y 之间的关联是均匀的，等于

$$\log \theta_{ij(k)} = \beta^{XY} + \beta^{XYZ}\left[k - \frac{(l + 1)}{2}\right]$$

因此，Z 的每一层的关联是常数，但层与层之间的关联是线性变化的。

　　对于多维交互模型，研究的重点一般是变量之间的交互作用，而对于两个变量之间的关联不予考虑。以三维交互模型为例，常常是将标准对数线性模型（XY，XZ，YZ）加上三元交互项：

$$\log m_{ijk} = \mu + \lambda_i^X + \lambda_j^Y + \lambda_k^Z + \lambda_{ij}^{XY} + \lambda_{ik}^{XZ} + \lambda_{jk}^{YZ} +$$
$$\beta^{XYZ}(u_i - \bar{u})(v_j - \bar{v})(w_k - \bar{w}) \tag{4 – 17}$$

与定类变量模型（XYZ）不同的是，该模型的 $df = (r - 1)(c - 1)(l - 1) - 1$。

因此, 当 r、c 和 l 大于 2 时, 该模型是不饱和的。当赋值为连续整数时, $\log\theta_{ijk} = \beta^{XYZ}$, 这种三因子交互项是 β^{XYZ} 的模型也就是均匀交互模型的通式。

模型 4－17 在 $\beta^{XYZ} = 0$ 时, 还原为没有三因子交互项的模型 (XY, XZ, YZ)。在模型 4－17 拟合的条件下, 模型 (XY, XZ, YZ) 和模型 4－17 的 G^2 之差 ($df = 1$), 可以用于检验 H_0: $\beta^{XYZ} = 0$。

3.2　异质均匀关联模型

在模型 4－15 的赋值为连续整数时, 每对变量的均匀偏关联在第三个变量的各类别或层次有不同的值, 因此, 该模型被称为异质均匀关联模型。以三元对数线性模型为例, 假设 $X － Y$ 的条件均匀关联在变量 Z 的各类别或层次变化不定, 那么 $\log m_{ijk}$ 会有 k 个值, 分表就会有 k 个 G^2, 模型的拟合度的总量度等于这些 G^2 之和, 自由度等于各 G^2 的自由度之和。如果模型 4－17 的 Z 是定类变量, 并且没有假设 $X － Z$ 和 $Y － Z$ 的偏关联是均匀的, 则模型 4－17 可以写作:

$$\log m_{ijk} = \mu + \lambda_i^X + \lambda_j^Y + \lambda_k^Z + \lambda_{ik}^{XZ} + \lambda_{jk}^{YZ} + \beta_k^{XY}(u_i - \bar{u})(v_j - \bar{v}) \qquad (4 - 18)$$

$df = l(rc - r - c)$。如果模型 4－18 的赋值为连续整数, β_k^{XY} 是常数, 等于 $X － Y$ 在 Z 的第 k 个类别的局域对数概率比, 则该模型被称为异质 $X － Y$ 均匀关联模型。

表 4－5 是三元变量的交互数据。变量为: 家庭成分 (C)、家庭收入 (S) 和受教育程度 (G)。应用如下两个模型:

(1) 均匀交互模型 (CGS)

$$\log m_{ijk} = \mu + \lambda_i^G + \lambda_j^S + \lambda_k^C + \lambda_{ij}^{GS} + \lambda_{ik}^{GC} + \lambda_{jk}^{SC} + \beta^{CGS}(u_i - \bar{u})(v_j - \bar{v})(w_k - \bar{w})$$

(2) 异质均匀关联模型

$$\log m_{ijk} = \mu + \lambda_i^G + \lambda_j^S + \lambda_k^C + \lambda_{jk}^{SC} + \lambda_{ik}^{GC} + \beta_k^{GS}(u_i - \bar{u})(v_j - \bar{v})$$

根据表 4－5 的数据, 表 4－6 列举了三因子的统计值。

表 4 - 5 受教育程度、家庭收入和家庭成分的频次分布

家庭成分	家庭收入	受教育程度		
		小学	中学	大学
"黑五类"	下下	9	14	4
	中下	10	26	6
	中上	4	33	11
	上上	0	12	14
革 命	下下	0	2	2
	中下	0	14	14
	中上	2	20	21
	上上	0	14	15

资料来源：中国社会科学院社会学研究所的社会调查。

表 4 - 6 均匀交互模型和异质均匀关联模型的参数值

G^2	df	$\hat{\beta}^{CGS}$	$\hat{\beta}_1^{SG}$	$\hat{\beta}_2^{SG}$
9.3833	5	0.0513		
7.0420	8		2.3558	0.1185

第一个模型是均匀交互模型（赋值取连续整数），$G^2 = 9.383$，$df = 5$，在 0.10 水平上显著。三因子交互项的值为 0.0513，说明受教育程度在革命家庭类别的频次分布偏向于高端，也就是说，革命家庭中受教育程度高的成员的概率大于"黑五类"家庭。

第二个模型是异质均匀 $G - S$ 关联模型，$G^2 = 7.042$，$df = 8$，在 0.30 水平上显著，拟合好于第一个模型，并且给出了两类家庭成分的均匀概率比。

家庭成分："黑五类"

$$\exp(\hat{\beta}_1^{SG}) = \exp(2.3558) = 10.55$$

革命

$$\exp(\hat{\beta}_2^{SG}) = \exp(0.1185) = 1.13$$

因为 $\hat{\beta}_1^{SG} > 0$，$\hat{\beta}_2^{SG} > 0$，所以家庭中收入和受教育程度正相关，收入水平高

的家庭中受教育程度高的成员也多。$\hat{\beta}_1^{SG} > \hat{\beta}_2^{SG}$ 说明，对于"黑五类"家庭而言，受教育程度和家庭收入的关联更强。

两个模型在拟合度上的差别说明，家庭成分作为控制变量，它的两个类别的家庭收入和受教育程度的关联有显著差异，这一点，两个 β 值可以证明。在这种情况下，选择异质均匀关联模型比较适当，有利于说明不同家庭成分、家庭收入和受教育程度的关系。

第  章

对数概率比模型

对数概率比模型（或称"对数比率模型"）描述一组解释变量对应变量的作用。像回归模型一样，在对数概率比模型中，一般没有解释变量之间的关联和交互项。

1 线性概率模型和对数概率比模型的比较

1.1 线性概率模型

如果应变量 Y 是二项变量，只有 1 和 0 两个值，那么 Y 的期望值为：

$$E(Y) = P(Y = 1) = \pi \quad 或$$
$$E(Y) = P(Y = 0) = 1 - \pi$$

假设解释变量 $X = (x_1, \cdots, x_k)$，应变量和解释变量之间的关系可以用标准线性回归模型表示：

$$\pi(x) = \alpha + \beta_1 x_1 + \cdots + \beta_k x_k \qquad (5-1)$$

但是，该模型有缺陷。首先，应变量是二项变量，没有标准分布，因此估计项也没有标准的正态分布。其次，Y 的方差是 $\pi(X)[1 - \pi(X)]$，因此

在解释变量的整个值域时，Y 的方差不是常数。另外，概率的值域为 $0 \leqslant \pi \leqslant 1$。但是，如果解释变量是定量的，线性概率模型的应变量 π 在 X 的极端值域会大于 1 或小于 0。

1.2　对数概率比回归模型

设 Y 是二项应变量，X 是定量解释变量。令 $\pi(x)$ 表示 X 取值 x 时的"成功"概率。对数概率比（log*it*）回归模型具有线性回归形式：

$$\text{log}it[\pi(x)] = \log\left(\frac{\pi(x)}{1 - \pi(x)}\right) = \alpha + \beta x \qquad (5-2)$$

如图 5 - 1 所示，$\alpha + \beta x$ 是一条曲线。当 $\beta > 0$ 时，随着 $x \to \infty$，$\pi(x)$ 从 0 趋近于 1。当 $\beta < 0$ 时，随着 $x \to \infty$，$\pi(x)$ 从 1 趋近于 0。两条曲线都呈 S 形，只是方向不同。在曲线 $x = -\alpha/\beta$，$\pi(x) = 0.5$ 这一点上，曲线的斜率最大。在 $\pi(x)$ 的值域（0.25，0.75）之间，曲线近似于斜线，可以用简单的线性概率模型取代对数概率比回归模型，前者便于计算和解释。

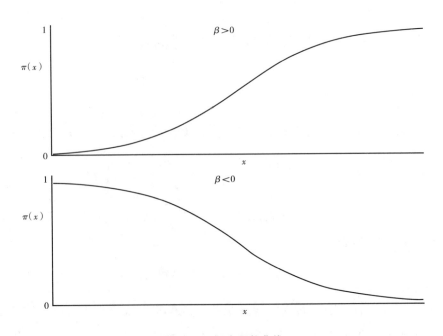

图 5 - 1　概率函数曲线

对数概率比回归模型的另一等价公式直接用"成功"概率表示：

$$\pi(x) = \frac{\exp(\alpha + \beta x)}{1 + \exp(\alpha + \beta x)} \qquad (5-3)$$

式中，$\exp(\alpha + \beta x) = e^{(\alpha + \beta x)}$。公式 5-2 和公式 5-3 的关系如下：因为自然对数函数有 $e^{\log Q} = Q$，所以公式 5-2 两边取以 e 为底的指数，可表示为：

$$e^{\log[\pi/(1-\pi)]} = \frac{\pi}{1-\pi} = e^{(\alpha + \beta x)}$$

整理，得：

$$\pi = (1 - \pi)e^{(\alpha + \beta x)} = e^{(\alpha + \beta x)} - \pi e^{(\alpha + \beta x)}$$
$$\pi + \pi e^{(\alpha + \beta x)} = e^{(\alpha + \beta x)}$$
$$\pi = \frac{e^{(\alpha + \beta x)}}{1 + e^{(\alpha + \beta x)}}$$

因为，$e^{(\alpha + \beta x)} = \exp(\alpha + \beta x)$，代入，得：

$$\pi = \frac{\exp(\alpha + \beta x)}{1 + \exp(\alpha + \beta x)} \qquad (5-4)$$

公式 5-2 的好处是可以依据单元格估计期望频次，求 β 估计值。

1.3 定类数据的对数概率比回归模型

假设 Z 为二分应变量，X 和 Y 是定类解释变量。$\{\pi_{ijk}\}$ 表示单元格概率，$\{m_{ijk}\}$ 表示单元格期望频次。在 X 的第 i 和第 j 个类别，Z 的 k 类别的条件概率是 $\pi_{k(ij)} = \pi_{ijk}/\pi_{ij+}$。$Z$ 在 X 和 Y 的每一类别组合上的对数概率比为：

$$\begin{aligned}
\log\left[\frac{\pi_{2(ij)}}{(1 - \pi_{2(ij)})}\right] &= \log\left(\frac{\pi_{2(ij)}}{\pi_{1(ij)}}\right) \\
&= \log\left(\frac{\pi_{ij2}}{\pi_{ij1}}\right) \qquad (5-5) \\
&= \log\left(\frac{m_{ij2}}{m_{ij1}}\right)
\end{aligned}$$

公式 5-5 表明，可以将对数概率比转换为单元格频次比。这一转换揭示了对数概率比和对数线性模型的内在关系。

因为 X 和 Y 是定类变量，模型 5-2 的对数概率比等于两个解释变量的可加性效应：

$$\log\left(\frac{m_{ij2}}{m_{ij1}}\right) = \alpha + \tau_i^X + \tau_j^Y \qquad (5-6)$$

式中，$\sum \tau_i^X = \sum \tau_j^Y = 0$。$\{\tau_i^X\}$ 表示 X 对 Z 的偏关联，$\{\tau_j^Y\}$ 表示 Y 对 Z 的偏关联。如果 $\tau_i^X = 0$，则 X 和 Z 在 Y 给定的条件下相互独立。因为一个解释变量的效应在另一解释变量的各类别上都一样，所以模型 5-6 没有三因子交互项。

如果解释变量 X 是定类的、Y 是定序的并且其各层次的赋值为 $\{v_1, \cdots, v_c\}$，则对数概率比模型为：

$$\log\left(\frac{m_{ij2}}{m_{ij1}}\right) = \alpha + \tau_i^X + \beta^Y(v_j - \bar{v}) \qquad (5-7)$$

式中，$\sum \tau_i^X = 0$。

对于以上两个模型，自由度等于模型左边的对数概率的数量减去线性独立参数的个数。模型 5-6 的列联表形式为 $r \times c \times 2$，因此对数概率比的数量是 $r \times c$，其自由度为：

$$df = rc - [1 + (r-1) + (c-1)] = (r-1)(c-1)$$

模型 5-7 的自由度为：

$$df = rc - [1 + (r-1) + 1] = r(c-1) - 1$$

2 对数线性模型和对数概率比模型的关系

对数线性模型和对数概率比模型的区别在于，前者不考虑变量是应变量还是解释变量，对变量一视同仁，都作为预测项处理；后者则是用一组解释变量预测一个二分应变量。两者看上去不同，但实际上是等价的。

2.1　应用对数概率比模型解释对数线性模型

对数线性模型的公式与其他模型不同，它以单元格频次作为应变量，这可能会让读者感到费解。我们可以利用对数概率比模型，将对数线性模型的一个变量作为应变量，其他变量作为解释变量，说明对数线性模型的含义。以三维列联表的同质对数线性模型（没有三因子交互项）为例：

$$\log m_{ijk} = \lambda + \lambda_i^X + \lambda_j^Y + \lambda_k^Z + \lambda_{ij}^{XY} + \lambda_{ik}^{XZ} + \lambda_{jk}^{YZ} \tag{5-8}$$

假设 Y 是二分应变量，π 是 $Y=1$ 的概率，X 和 Z 是解释变量。根据公式 5-5，Y 的对数概率比等于：

$$\begin{aligned}
\log it(\pi) &= \log\left(\frac{\pi}{1-\pi}\right) = \log\left(\frac{P(Y=1 \mid X=i, Z=k)}{P(Y=2 \mid X=i, Z=k)}\right) \\
&= \log\left(\frac{m_{i1k}}{m_{i2k}}\right) = \log(m_{i1k}) - \log(m_{i2k}) \\
&= (\lambda + \lambda_i^X + \lambda_1^Y + \lambda_k^Z + \lambda_{i1}^{XY} + \lambda_{ik}^{XZ} + \lambda_{1k}^{YZ}) - \\
&\quad (\lambda + \lambda_i^X + \lambda_2^Y + \lambda_k^Z + \lambda_{i2}^{XY} + \lambda_{ik}^{XZ} + \lambda_{2k}^{YZ}) \\
&= (\lambda_1^Y - \lambda_2^Y) + (\lambda_{i1}^{XY} - \lambda_{i2}^{XY}) + (\lambda_{1k}^{YZ} - \lambda_{2k}^{YZ})
\end{aligned}$$

式中，第一个括号内的项是常数项，不受类别 i 和 k 的影响。第二个括号内的项受 X 的类别 i 影响，第三个括号内的项受 Z 的类别 k 影响。因此上式的三项对应式 5-9 的三项：

$$(\lambda_1^Y - \lambda_2^Y) = \alpha, \quad (\lambda_{i1}^{XY} - \lambda_{i2}^{XY}) = \tau_i^X, \quad (\lambda_{1k}^{YZ} - \lambda_{2k}^{YZ}) = \tau_k^Z$$

对数概率比的可加性模型为：

$$\log it(\pi) = \alpha + \tau_i^X + \tau_k^Z \tag{5-9}$$

这个公式表示，对数概率比［$\log it(\pi)$］由 X 和 Z 的类别参数之和（可加性）决定。在 Z 的每个类别，X 对［$\log it(\pi)$］的影响一样。同样，在 X 的每个类别，Z 对［$\log it(\pi)$］的影响一样。根据可加性的标准定义，对数概率比模型的参数的可加性意味着定类变量没有交互作用。当 Y 是二分变量时，同质关联（没有三因子交互项）的对数线性模型和对数概率比模型 5 - 9 等价。

当公式 5 - 8 的 X 也是二分变量时，对数概率比模型 5 - 9 和对数线性模型 5 - 8 的 X 和 Y 在 Z 各类别的概率比都相等，使用拟合优度检验统计量 G^2 和 χ^2 可以证明。当样本量相对于 Z 的类别 k 较大时，G^2 和 χ^2 近似于卡方分布，$df = k - 1$。

假设高等教育（S）为应变量，性别（G）、居住地（L）和家庭成分（C）为解释变量，对数线性模型（CGL，GS，LS，CS）的拟合度良好，其公式为：

$$\log \mu_{gcls} = \lambda + \lambda_G^C + \lambda_c^C + \lambda_l^L + \lambda_s^S + \lambda_{gl}^{GL} + \lambda_{cg}^{CG} + \lambda_{ls}^{LS} + \lambda_{cs}^{CS} + \lambda_{cl}^{CL} + \lambda_{cgl}^{CGL}$$

$$(5 - 10)$$

令 π 为接受高等教育的概率。对 G、L 和 C 的每一类别组合，对数概率比模型为：

$$\text{logit}(\pi) = \alpha + \tau_g^G + \tau_l^L + \tau_c^C \qquad (5 - 11)$$

式中，G、L 和 C 作用于 S，因为 S 是应变量，所以没有关联项。这个模型和模型 5 - 10 是等价的。两个模型的参数有以下关系：

$$\tau_g^G = \lambda_{g1}^{GS} + \lambda_{g2}^{GS}$$
$$\tau_l^L = \lambda_{l1}^{LS} - \lambda_{l2}^{LS}$$
$$\tau_c^C = \lambda_{c1}^{CS} - \lambda_{c2}^{CS}$$

比较两个模型就会发现，在模型 5 - 10 中角标不含 i 的项在模型 5 - 11 中都消失了。

对数线性模型的双因子项和对数概率比模型的主效应项可以用概率比联系起来。例如，在对数概率比模型 5 - 11 中，S 和 C 的效应概率比等于 $\tau_1^C - \tau_2^C$。这个算式等于对数线性模型的 $\lambda_{11}^{CS} + \lambda_{22}^{CS} - \lambda_{12}^{CS} - \lambda_{21}^{CS}$。不管我们给参数如何赋值，两个算式的值都是相等的。不仅如此，对数概率比模型 5 - 11 的拟合频次、拟合优度检验统计量、剩余 df 和校正残差都和对数线性模型（CGL，GS，LS，CS）的一样。

对数线性模型是广义线性模型的一种，该模型的特点是将单元格频次视作独立泊松变量，作为模型的应变量。对数概率比模型也是广义线性模型的一种，其特点是将单元格频次视作二分变量。其应变量是 S，$C-G-L$ 边际分布 $\{n_{c+gl}\}$ 是固定的。因为单元格频次 $\{n_{c1gl}\}$ 的 c，g，l 都是二分变量，有 8 种组合 $\{(1,1,1)$，$(1,1,2)$，$(1,2,1)$，$(1,2,2)$，$(2,1,1)$，$(2,1,2)$，$(2,2,1)$，$(2,2,2)\}$，所以 $\{n_{c1gl}\}$ 是 8 个独立二分变量。虽然单元格频次会因抽样而变化，但是模型的拟合度不变。

2.2 对数线性模型和对数概率比模型之间的一致性

在把对数概率比可加性模型 5 – 9 从对数线性模型（XY，XZ，YZ）导出的过程中，出现了 $logit(\pi)$ 项，而 λ_{ik}^{XZ} 项消失了。给人的印象是，对数线性模型（XY，YZ）（少一个交互项 XZ）和对数概率比可加性模型 5 – 9 也是等价的。的确如此，将对数线性模型（XY，YZ）转换为对数概率比可加性模型也会有相同的内涵。含有三个关联项的对数线性模型（XY，XZ，YZ）和对数概率比可加性模型 5 – 9 的拟合度一样。对数线性模型（XY，XZ，YZ）的三个关联项中的两个（XY，YZ）在转换为对数概率比可加性模型时变成了应变量和解释变量的关系，而消失的解释变量 $X - Z$ 的关联作为潜在关系保留在对数概率比可加性模型中。但是，对数概率比可加性模型不是用来描述解释变量之间的关系的，所以解释变量中是否有交互作用对对数概率比可加性模型来说无所谓。

表 5 – 1 是三维列联表的对数线性模型和对数概率比模型的等价表达式，Y 为二分应变量。简单对数线性模型（Y，XZ）表示 Y 独立于 X 和 Z，其等价对数概率比模型的 $\{\tau_i^X\}$ 和 $\{\tau_k^Z\}$ 两项因此等于 0。在所有对数线性模型中，XZ 的双因子关联项转换为对数概率比模型的解释变量 X 和 Z 的参数。

最后的饱和模型（$\alpha + \tau_i^X + \tau_k^Z + \tau_{ik}^{XZ}$）暗含三因子交互项。当 Y 是二分应变量时，对数线性模型等价于含有 $X - Z$ 关联项的对数概率比模型，其含义是，X 对 Y 的影响取决于 Z 的类别，即 Z 的各个类别的 $X - Y$ 概率比不同。当对数线性模型是饱和的时，等价的对数概率比模型也是饱和的。

表 5－1　三维列联表的对数线性模型和对数概率比模型的
等价表达式，Y 是二分应变量

对数线性模型	对数概率比模型
(Y, XZ)	α
(XY, XZ)	$\alpha + \tau_i^X$
(YZ, XZ)	$\alpha + \tau_k^Z$
(XY, XZ, YZ)	$\alpha + \tau_i^X + \tau_k^Z$
(XYZ)	$\alpha + \tau_i^X + \tau_k^Z + \tau_{ik}^{XZ}$

　　这种一致性在高维列联表的模型之间也存在。例如，四维列联表的对数概率比模型 5－11 含有所有解释变量的主效应项，但是没有交互项。与这个模型等价的对数线性模型含有一个由所有解释变量组成的三因子交互项（CGL）和每个解释变量（C，G，L）与应变量 S 组成的双因子项（GS，LS，CS）。为什么饱和对数线性模型（XYZ）的三因子项在等价的对数概率比模型中变成了双因子项，而对数线性模型（CGL，GS，LS，CS）的三因子项在等价的对数概率比模型中消失了呢？其实，这个问题在前面的解释中已经给出了答案。读者可以记住一条简单的规律：凡是含有应变量的高阶因子项在对数线性模型转换为对数概率比模型之后降一阶，不含应变量的高阶因子项在转换后消失。

2.3　模型的选择

　　在社会学研究中，我们关心的是应变量和解释变量之间的关系，所以对数线性模型不合适。当只有一个二分应变量时，我们会选择对数概率比模型。当应变量的类别多于两个时，我们会应用广义对数概率比模型。原因是，根据应变量的性质，我们可以直接建构模型，而不必考虑对数线性模型带来的问题。比较公式 5－10 和 5－11，可以看出对数概率比模型简单得多。

　　对数线性模型的优点在于它的普适性。所谓普适性，是指应变量的数目可以是任意的。当应变量多于一个，而且我们的研究重点是所有变量之间的关联时，对数线性模型是最好的选择。

一般来说，我们在选择对数线性模型时，经常处于两难的境地。一方面，我们希望模型的拟合度达致完美，但是，变量越多，拟合度越好，模型就越复杂。从前面的例子可以看出，二阶以上的因子关联项就需要控制变量，阶数越高，控制的变量越多，这为解释带来很大的困难。另一方面，为了便于解释统计结果，我们希望模型尽可能简单，只要能将观测数据修匀就行了。在实际研究中，偏重一方不可取，只能在两者之间寻找平衡点。

一些学科，特别是社会学的某些研究是探索性的。探索性研究可以揭示变量之间的关联，从而选择适当的模型。一种方法是：以对数线性模型为例，我们分别建立只含单因子的模型、只含单因子和双因子的模型，或者只含单因子、双因子和三因子的模型，比较各个模型的拟合度，其结果会缩小模型的选择范围。另一种方法是建立最复杂的饱和模型，然后逐次削减一个变量，直到不影响模型的拟合度为止。然而，社会科学研究不提倡以上这两种方法，认为模型应该从研究假设出发，包含所有事先假设的变量，否则所发表的研究报告会带有欺骗性质。但是，社会学研究人员可以利用计算机，应用以上两种方法详细分析数据，为以后的调研积累知识。

对于对数线性模型，如果抽样设计或不对称变量（变量被分为应变量和解释变量）使边缘和固定，模型就要包含那些使拟合频次和边缘和相等的项。以表 2 - 1 为例，假设边缘和 $\{n_{ls}\}$ 在居住地（L）和高等教育（S）各组合类别上是固定的，且两项的拟合频次和边缘和相等，对数线性模型就应该包含 $L - S$ 双因子项。这提示我们，在建构对数线性模型时，要区别应变量和解释变量，注意由应变量组成的关联项和由解释变量组成的关联项。因为解释变量的关联项影响它们自身各组合类别的边缘和，所以不包含该交互项（如 LS）的模型是不可取的。随着因子项的增加，列联表的维度也随之增加，造成单元格的数目剧增。除非样本量非常大，否则会出现很多空格。这不仅会使参数估计不准，而且拟合优度统计量也不能近似于卡方分布。

总之，我们在选择模型时要慎之又慎，既要使拟合频次尽量与观测频次一致，又要避免模型过于复杂。对于社会学研究人员而言，在调查伊始就要考虑模型的问题，否则投入大量人力、物力采集数据，最终可能会因为变量过多而难以建立适当的模型。

下面举两个例子，说明对数概率比模型和对数线性模型的参数之间的关系。

在应用对数线性模型分析高等教育、性别和居住地之间的关系时，没有设定应变量。现在，设高等教育 S 为应变量，被调查者的性别 G 和居住地 L 为解释变量，对数概率比模型如下：

$$\log\left(\frac{m_{ij1}}{m_{ij2}}\right) = \alpha + \tau_i^G + \tau_j^L$$

G 和 L 各有两个类别，共有 4 个类别组合，所以对数概率比有 4 个。因为 $\tau_1^G = -\tau_2^G$，$\tau_1^L = -\tau_2^L$，模型有 3 个参数，因此 $df = 4 - 3 = 1$。

根据对应的对数线性模型 (SG, SL, GL)，最大似然参数估计值 $2\hat{\lambda}_1^S = (-1.12) + (-1.12) = -2.24$，$2\hat{\lambda}_{11}^{SL} = 0.53 + 0.53 = 1.06$，$2\hat{\lambda}_{11}^{SG} = 0.08 + 0.08 = 0.16$。因此，对数概率比模型参数为：

$$\hat{\alpha} = 2\hat{\lambda}_1^S = -2.24$$
$$\hat{\tau}_1^L = 2\hat{\lambda}_{11}^{SL} = 1.06 = -\tau_2^L$$
$$\hat{\tau}_1^G = 2\hat{\lambda}_{11}^{SG} = 0.16 = -\tau_2^G$$

式中，$\hat{\lambda}_{11}^{SL}$ 下角标的第一个 $1 \to$ 接受高等教育，第二个 $1 \to$ 城市居民。$\hat{\lambda}_{11}^{SG}$ 下角标的第一个 $1 \to$ 接受高等教育，第二个 $1 \to$ 男性。如前所述，$\alpha = (1/rc) \sum_i \sum_j \log\left(\frac{m_{ij1}}{m_{ij2}}\right)$，所以 $\hat{\alpha}$ 的负值说明 $m_{ij2} > m_{ij1}$（注：下角标 $1 \to$ 接受高等教育，$2 \to$ 未接受高等教育），即在被调查者中，未接受高等教育的人多于接受高等教育的人。$\hat{\tau}_1^L$ 对 $\log\left(\frac{m_{ij1}}{m_{ij2}}\right)$ 有正效应，说明城市居民接受高等教育的概率大于乡村居民。$\hat{\tau}_1^G$ 对 $\log\left(\frac{m_{ij1}}{m_{ij2}}\right)$ 也有正效应，说明男性接受高等教育的概率大于女性。$\hat{\tau}_1^L > \hat{\tau}_1^G$ 说明变量"居住地"对接受高等教育的影响大于性别的影

响。对数概率比模型 $\log\left(\dfrac{m_{ij1}}{m_{ij2}}\right) = \alpha + \tau_i^G + \tau_j^L$ 和对数线性模型(SG, SL, GL)的

拟合度一样好，因此两者的 G^2 和 df 必定相等。如果对数的分子式 $\dfrac{m_{ij1}}{m_{ij2}}$ 换作 $\dfrac{m_{ij2}}{m_{ij1}}$，

则参数值也会改变，例如 $\alpha = 2\hat{\lambda}_2^S$ 将是正值，而 $\hat{\tau}_1^L$ 和 $\hat{\tau}_1^G$ 将是负值。

再举一个例子来说明对数概率比和对数线性模型的等价关系。被调查者的年龄为 40 ~ 50 岁，变量：血压（P）、胆固醇（C）、患心肌梗死（H）。应变量 H 是二分变量，P 和 C 是定序解释变量。对数概率比模型为：

$$\log\left(\frac{m_{ij2}}{m_{ij1}}\right) = \alpha + \beta^C(u_i - \bar{u}) + \beta^P(v_j - \bar{v})$$

因为两个解释变量各有 4 个层次，对数概率有 $4 \times 4 = 16$ 个，参数有 3 个，$df = 13$。相应地，对数线性模型有两个线性 - 线性关联：一个是 C - H 和 P - H 关联，另一个是 C - P 定类关联：

$$\log m_{ijk} = \mu + \lambda_i^C + \lambda_j^P + \lambda_k^H + \lambda_{ij}^{CP} + \\ \beta^{CH}(u_i - \bar{u})(w_k - \bar{w}) + \beta^{PH}(v_j - \bar{v})(w_k - \bar{w})$$

取连续整数 $w_2 - w_1 = 1$，对数线性模型的 β^{CH} 和 β^{PH} 可以分别被简化为 β^C 和 β^P，更便于计算对数概率比模型的 β 参数：

$$\log m_{ijk} = \mu + \lambda_i^C + \lambda_j^P + \lambda_k^H + \beta^C(u_i - \bar{u}) + \beta^P(v_j - \bar{v})$$

式中，β^C 表示 C - H 偏关联的均匀对数概率比，β^P 表示 P - H 偏关联的均匀对数概率比，取最大似然，$\hat{\beta}^C = 0.530$，$\hat{\beta}^P = 0.440$。

如果胆固醇水平提高一个层次（$C_i \uparrow C_{i+1}$），则被调查者罹患心肌梗死的机会增大 $\exp(0.530) = 1.70$ 倍。如果血压升高一个层次（$P_j \uparrow P_{j+1}$），则被调查者罹患心肌梗死的机会增大 $\exp(0.440) = 1.55$ 倍。$\hat{\beta}^C$ 和 $\hat{\beta}^P$ 的渐进标准误分别为 0.117 和 0.109，表明两个参数有很高的显著性。模型的 $G^2 = 14.8$，$df = 13$，拟合度很好。这个例子说明，对数线性模型的关联项取均匀对数比后，就和对数概率比模型的对应项一样了，只是在解释对数线性模型的均匀关联项时，要记住变量 H。

表 5 – 2　血压、胆固醇和患心肌梗死的交互分类

心肌梗死	胆固醇 （mg/100cc）	血压（mmHg）			
		< 127	127 ~ 146	147 ~ 166	≥167
有	< 200	2	3	3	4
	200 ~ 219	3	2	0	3
	220 ~ 259	8	11	6	6
	≥260	7	12	11	11
无	< 200	117	121	47	22
	200 ~ 219	85	98	43	20
	220 ~ 259	119	209	68	43
	≥260	67	99	46	33

资料来源：Agresti，1996。

第 *6* 章

定序应变量的对数概率比模型

1 对数概率比模型的类型和应用

1.1 对数概率比

如果定序应变量有 c 个层次（$c > 2$），那么可以有很多种类型的对数概率比（log*it*）。例如，如果应变量有较多层次，那么在解释变量的层次组合确定时，应变量就会有（π_1，$\cdots$，π_c）个概率。根据这些概率，可以建构条件对数概率比：

$$\log\left[\frac{\pi_j/(\pi_j + \pi_k)}{\pi_k/(\pi_j + \pi_k)}\right] = \log\left(\frac{\pi_j}{\pi_k}\right)$$

该式表示一个观测值落入层次 j 或 k 的概率比对数。对于应变量的所有层次，这种类型的对数概率比有 $c - 1$ 个：

$$L_j = \log(\pi_j/\pi_c) \qquad j = 1, \cdots, c - 1$$

于是

$$\log\left(\frac{\pi_j}{\pi_k}\right) = \log\left(\frac{\pi_j/\pi_c}{\pi_k/\pi_c}\right) = L_j - L_k \qquad 1 \leqslant j < k \leqslant c - 1$$

当定序应变量的层次 c 大于 2 时，对数概率比有以下三种类型。

1. 相邻层次的对数概率比

$$L_j = \begin{bmatrix} \log(\frac{\pi_2}{\pi_1}) \\ \log(\frac{\pi_3}{\pi_2}) \\ \vdots \\ \log(\frac{\pi_j}{\pi_{j-1}}) \end{bmatrix}$$

2. 升级对数概率比

$$L_j = \begin{bmatrix} \log(\frac{\pi_2 + \pi_3 + \cdots + \pi_j}{\pi_1}) \\ \log(\frac{\pi_3 + \pi_4 + \cdots + \pi_j}{\pi_2}) \\ \vdots \\ \log(\frac{\pi_j}{\pi_{j-1}}) \end{bmatrix}$$

3. 累积对数概率比

$$L_j = \begin{bmatrix} \log(\frac{\pi_2 + \pi_3 + \cdots + \pi_j}{\pi_1}) \\ \log(\frac{\pi_3 + \pi_4 + \cdots + \pi_j}{\pi_1 + \pi_2}) \\ \vdots \\ \log(\frac{\pi_j}{\pi_1 + \pi_2 + \cdots + \pi_{j-1}}) \end{bmatrix}$$

式中，当分子和分母在第"j"层次被分割时，j 被称为"切点"，以上每一类型中的 π 都是同一行各列的概率。

相邻层次的对数概率比就是第一章 4.1 节介绍的概率比，是同一行两个相邻的概率之比。升级对数概率比的概率是同一行第 j 个单元格的概率和前 $j-1$ 个单元格概率之和的比率。最后的对数概率比形式最能体现升级对数概率比的含义。至于使用哪一种概率比，取决于研究的需要。

累积对数概率比的特点是，其概率比包含了一行之中应变量所有层次的概率，如果切点从 1 开始，分母是 π_1，则分子是剩余的所有概率之和 $\pi_2 + \cdots + \pi_j$。然后连续切割，直到 $j-1$，分母为 $\pi_1 + \cdots + \pi_{j-1}$，分子为 π_j，因此一行的对数概率比有 $j-1$ 个，而且因为分母不断增大，$L_1 \geqslant L_2 \geqslant \cdots \geqslant L_{j-1}$。下面重点介绍累积对数概率比模型。

表 6 - 1 是对数概率比切点不同的两个累积对数概率比模型的参数估计值和 G^2，以及变量独立模型和检验模型的 G^2。数据来自表 1 - 4。

表 6 - 1 受教育程度累积对数概率比模型的参数值

	累积频次比	
	$j = 1$	$j = 2$
$\hat{\alpha}_j$	1. 3867	$-$ 2. 1993
$\hat{\beta}_j$	0. 7398 ($se = 0. 1163$)	0. 5042 ($se = 0. 5253$)
G^2 for log*it* model	4. 3034 ($df = 2$)	1. 2875 ($df = 2$)
wald's G^2 (Ⅰ), model with $\beta_j = 0$	183. 13 ($df = 3$)	134. 16 ($df = 3$)

模型 1 的切点在应变量的"小学"和"中学"之间，即分子是中学和大学，分母是"小学"。模型 2 的切点在中学和大学之间，分母是"小学"和"中学"之和，分子是"大学"。

第一个累积对数概率比模型在两个切点上拟合都很好，而且都有 $\hat{\beta}_j > 0$，说明随着家庭收入增加，对数概率比增大。这意味着家庭收入越高，家庭成员的受教育程度越高。相比较而言，在第二个切点上模型拟合得更好，说明家庭收入对接受教育者的效应更强。

由于 $\beta = 0$ 时，只能求 *wald* 卡方。为了比较变量独立模型和关联模型，表 6 - 1 中列出了变量独立模型的 *wald* G^2 和检验结果：$j = 1$，$G^2 = 183. 13$，$df = 3$，$p = 0. 000$；$j = 2$，$G^2 = 134. 16$，$df = 3$，$p = 0. 000$。虽然不能用卡方直接比较两个模型，但是由拟合度仍然可以得出 $\hat{\beta} \neq 0$。

因为 $\hat{\beta}_1 = 0. 7398$，家庭收入和受教育程度正相关。$\exp(\hat{\beta}_1) = 5. 4928$ 是相邻两行的概率比估计值。换言之，($i + 1$) 收入层次的中学和大学合并的受教育程度的被调查者收入比 i 收入层次的小学受教育程度的被调查者高 5.49 倍。第二个切点的 $\exp(\hat{\beta}_2) = 3.1930$，但是 $se = 0.5253$，所以不足以证明 $\hat{\beta}_2 > 0$。

由于切点的关系，第二个对数概率比只能小于第一个对数概率比，所以必然有 $\hat{\alpha}_1 \geqslant \hat{\alpha}_2$。参数 $\hat{\beta}_1$ 和 $\hat{\beta}_2$ 的估计值相差较大，如果这两个参数之差较小，那么我们可以把两个模型

$$L_{1(i)} = \alpha_1 + \beta_1 (u_i - \bar{u}) \text{ 和 } L_{2(i)} = \alpha_2 + \beta_2 (u_i - \bar{u})$$

合并为一个模型：

$$L_{j(i)} = \alpha_j + \beta(u_i - \bar{u}), \qquad i = 1, \cdots, r, \quad j = 1, \cdots, c-1$$

这就是下面要讲到的均匀关联模型。

1.2　定序变量的累积对数概率比模型

为了简单易懂，我们仍以二维列联表为例，讲解定序变量的对数概率比模型。设行变量 X 是定序解释变量，列变量 Y 是定序应变量，则应变量的累积对数概率比为：

$$L_{j(i)} = \log \left[\frac{m_{i,j+1} + \cdots + m_{ic}}{m_{i1} + \cdots + m_{ij}} \right] \qquad (6-1)$$

式中，$L_{j(i)}$ 表示列联表第 i 行、切点为 j 的累积对数概率比。模型为：

$$L_{j(i)} = \alpha_j + \beta_j(u_i - \bar{u}), \qquad i = 1, \cdots, r \qquad (6-2)$$

式中，$\{u_i\}$ 是定序解释变量 X 各层次的赋值。因为在每一行，应变量 Y 有 $c-1$ 个 $L_{j(i)}$，所以无需赋值。同时，每一行都有 $c-1$ 个模型。

1.3　均匀关联模型

在有些情况下，模型 6-2 分别取 $j=1$ 和 $j=2$，β_1 和 β_2 的估计值接近。这表明，对于模型 6-2，可以假定 $\beta_1 = \beta_2$。如果 $\beta_1 = \cdots = \beta_{c-1}$，模型

6 - 2 就可以简化成每一行都具有相同斜率 β 的模型:

$$L_{j(i)} = \alpha_j + \beta(u_i - \bar{u}), \qquad 1 \le i \le r, \quad 1 \le j \le c - 1 \qquad (6-3)$$

该模型的每一行有 $c-1$ 个对数概率比,列联表有 r 行,因此对数概率比的总数为 $r(c-1)$ 个。此外,在 i 确定时,模型有一个关联参数 β 和 $c-1$ 个 $\{\alpha_j\}$ 参数,所以 $df = r(c-1) - c = rc - r - c$。

当切点为 j 时,因为 $\sum_i (u_i - \bar{u}) = 0$,该列的对数概率比之和是 $\sum_i L_{j(i)} = r\alpha_j$,所以 $\alpha_j = \dfrac{1}{r} \sum_i L_{j(i)}$,即 α_j 是切点相同的 r 个对数概率比的均值。因为 $L_{1(i)} \ge L_{2(i)} \ge \cdots \ge L_{c-1}$,$\{\alpha_j\}$ 是单调递减的。每一行有 $c-1$ 个对数概率比,其中每一个对数概率比和解释变量之间为线性关系,斜率为 β。如果模型确定并且 $\beta = 0$,切点为 j 的各行的对数概率比相等(即每一列的对数概率比相等),则变量 X 和 Y 相互独立。如果 $\beta > 0$,对数概率比随着 X 的增大而增大,这意味着在 X 赋值的高端,Y 的条件频数分布也随机升高。

对数概率比也可以解释参数 β。对数概率比之差 $L_{j(b)} - L_{j(a)}$ 就是列联表相邻两行切点为 j 的对数概率比。根据模型 6 - 3:

$$L_{j(b)} - L_{j(a)} = \beta(u_b - u_a)$$

上式说明,对数概率比和两行之间的距离 $(u_b - u_a)$ 成比例,并且对于所有的切点,其值不变。第 1 章介绍了局域 - 全域概率比 θ'_{ij}。实际上 $L_{j(i+1)} - L_{j(i)}$ 等同于 $\log\theta'_{ij}$。如果行的赋值为连续整数,则对数概率比为:

$$\log\theta'_{ij} = L_{j(i+1)} - L_{j(i)} = \beta, \quad 1 \le i \le r-1, \quad 1 \le j \le c-1 \qquad (6-4)$$

对于行为 r 的列联表,相邻两行的组合数目为 $r-1$,而每一行的累积对数概率比有 $c-1$ 个。切点将相邻两行分割为 2×2 子表,总表可以被分为 $(r-1)(c-1)$ 个子表。假定这些子表的概率比 $\{\theta'_{ij}\}$ 相等,作为常数,等于 $\exp(\beta)$。因此在赋值为连续整数时,模型 6 - 3 简化为:

$$L_{j(i)} = \alpha_j + \beta$$

该模型被称为对数概率比均匀关联模型或简称为均匀关联模型。

1.4 模型的估计

对于模型 6 - 3，我们不仅关注变量的关联项 β，而且还要估计模型的拟合度。对拟合度进行量度需依据单元格的期望频次。我们可以通过模型 6 - 3 获得参数估计值，然后算出估计对数概率比，再将它们转换为单元格期望频次。

当自变量的行确定时，应变量的条件概率分布是 $\{\pi_{j(i)} = (n_{i1} + \cdots + n_{ij}) / (n_{i1} + \cdots + n_{ic}), j = 1, \cdots, c\}$，即用局部的连续频次之和除以该行的全部频次之和。根据模型 6 - 1，条件概率可转换成概率比的形式：

$$
\begin{aligned}
L_{j(i)} &= \log\left[\frac{n_{i,j+1} + \cdots + n_{ic}}{n_{i1} + \cdots + n_{ij}}\right] \\
&= \log\left[\frac{(n_{i,j+1} + \cdots + n_{ic})/(n_{i1} + \cdots + n_{ic})}{(n_{i1} + \cdots + n_{ij})/(n_{i1} + \cdots + n_{ic})}\right] \\
&= \log\left[\frac{1 - \pi_{j(i)}}{\pi_{j(i)}}\right]
\end{aligned}
$$

据此，

$$
\pi_{j(i)} = [\exp(L_{j(i)}) + 1]^{-1}
$$

将期望值 $\hat{L}_{j(i)} = \hat{\alpha}_j + \hat{\beta}(u_i - \bar{u})$ 代入上式，就得到估计累积对数概率 $\hat{\pi}_{j(i)}$。为了求出单元格 j 的概率，需要用同样的方法，求出切点为 $(j-1)$ 的累积对数概率 $\pi_{(j-1)i}$，然后

$$
F_{j(i)} - F_{(j-1)i} \qquad j = 1, \cdots, c
$$

就得到单元格 j 的估计概率，再乘以行边缘和 n_{i+}，得到估计期望频次 $\hat{m}_{ij}$。

我们仍以受教育程度和家庭收入为例。应用对数概率比均匀关联模型，估算两个截距 $\hat{\alpha}_1$ 和 $\hat{\alpha}_2$，以及关联参数 $\hat{\beta}$。应变量是受教育程度，最大似然对数概率比的平均估计值：$\hat{\alpha}_1 = 1.549$，$\hat{\alpha}_2 = -0.838$，家庭收入线性效应估计值：$\hat{\beta} = 0.227$，$se = 0.08$。因此，$\exp(0.227) = 1.25$。这表明家庭收入高一层次 $(i+1)$ 的被调查者，其受教育程度也高一层次的概率是家庭收入

低一层（*i*）的被调查者的 1.25 倍。因为 $\hat{\beta} > 0$，家庭收入和受教育程度正相关。模型的 $G^2 = 16.926$，$df = 5$，$p \approx 0.01$，拟合度没有达到显著水平。原因是，受家庭收入的影响，所有相邻两层的受教育程度的概率分布不均匀，即 β 之间相差较大，用均匀模型拟合观测频次有一定差距。另一方面，只含有一个解释变项的模型，对观测频次的拟合不会很好。从斜率 β 的值 0.227 也可以看出，家庭收入的效应适中，不是很大。但是，在变量独立模型中加入定序关联项之后，对数概率比均匀关联模型的拟合度有了非常明显的改善。比较两个模型的拟合度，可以检测两个变量是否关联。

表 6 - 2　受教育程度和家庭收入的观测频次，变量独立模型和
对数概率比均匀关联模型的估计期望频次

家庭收入	受教育程度			总数
	小学	中学	大学	
下下	291	702	113	1106
	(151.4)[a]	(748.1)	(206.5)	
	(255.4)[b]	(749.7)	(101.9)	
中下	236	1325	302	1863
	(255.1)	(1260.1)	(347.8)	
	(264.7)	(1302.6)	(295.8)	
中上	110	991	369	1470
	(201.3)	(994.3)	(274.4)	
	(119.4)	(979.4)	(371.4)	
上上	15	203	105	323
	(44.2)	(218.5)	(60.3)	
	(13.8)	(189.3)	(119.9)	

注：a. 变量独立模型的估计期望频次，b. 对数概率比均匀关联模型的估计期望频次。
资料来源：中国社会科学院社会学研究所的社会调查。

在获得 $\hat{\beta}$ 值后，就可以计算单元格估计期望频次，例如：

$$\hat{L}_{1(1)} = \hat{\alpha}_1 + \hat{\beta}(u_1 - \bar{u}) = 1.549 + 0.227(1 - 2.5) = 1.2085$$

$$\hat{\pi}_{1(1)} = [\exp(1.198) + 1]^{-1} = 0.231$$

$$\hat{m}_{1(1)} = \hat{\pi}_{1(1)} n_{1+} = 255.4$$

1.5 变量独立的条件检验

假定对数概率比均匀关联模型拟合，变量独立的检验假设是 $H_0: \beta = 0$。检验统计量是独立模型 (I) 和对数概率比均匀关联模型 (U) 的 G^2 之差：

$$G^2(I \mid U) = G^2(I) - G^2(U) \qquad (6-5)$$

以上述数据为例，因为两个模型只相差一个参数，所以 $G^2(I \mid U)$ 的 $df = 1$，$G^2(I) = 312.17$。

$$G^2(I \mid U) = 312.17 - 16.97 = 295.20$$

查卡方表，可否定变量独立的 H_0。这再一次证实了家庭收入和受教育程度具有强相关。其实，表 6-2 清楚地表明，对数概率比均匀关联模型给出的期望频次比变量独立模型的期望频次更接近观测频次。

2 定序 - 定类列联表的对数概率比模型

2.1 行效应模型

如果应变量为定序变量、解释变量为定类变量，累积对数概率比模型的关联项 $\beta_i(u_i - \bar{u})$ 变为行效应项 τ_i：

$$L_{j(i)} = \alpha_j + \tau_i, \qquad 1 \leqslant i \leqslant r, \qquad 1 \leqslant j \leqslant c-1 \qquad (6-6)$$

式中，$\sum \tau_i = 0$。对于每一行，累积对数概率比的数目有 $c-1$ 个。像上一节对 β_j 的设定一样，我们假定每行的 $(c-1)$ 个 τ_i 相等。对于 $r \times c$ 列联表，累积对数概率比有 $r(c-1)$ 个，独立参数有 $(c-1)+(r-1)$ 个，因此 $df = (r-1)(c-1)$。当 $c > 2$ 时，模型 6-6 等同于对数线性模型 4-3。

参数的解释和模型 6-3 的一样，α_j 是切点相同的 r 个累积对数概率比的均值，行效应参数 τ_i 是应变量和解释变量的关联项。τ_i 同样可以用对数概率比解释：设 a 和 b 是相邻两行，对数概率比之差：

$$L_{j(b)} - L_{j(a)} = \tau_b - \tau_a \qquad (6-7)$$

式中，$\tau_b - \tau_a$ 可以转换为局域或局域 – 全域对数概率比，并且 $c-1$ 个对数概率比是恒量。当 $\tau_b > \tau_a$ 时，b 行的条件 Y 的频率分布随机高于 a 行的条件 Y 的频率分布。

表 4 – 1 是 3×3 二维列联表，政治意识作为定序变量，党派是定类变量。行是党派——民主党、无党派、共和党；列是政治意识——自由、适中、保守。我们应用对数概率比行效应模型拟合表 4 – 1 的观测频次，结果为：对数概率比的均值估计值 $\hat{\alpha}_1 = 0.532$ 和 $\hat{\alpha}_2 = -1.325$，党派效应的估计值 $\hat{\tau}_1 = -0.670$，$\hat{\tau}_2 = -0.282$ 和 $\hat{\tau}_3 = 0.952$。

表 4 – 1 的每一行有两个累积对数概率比，这两个对数概率比在对数线性行效应模型 6 – 6 中是相等的，因此两行的两个对应对数概率比也是一样的。例如，两行的两个对数概率比都是 $\hat{\tau}_3 - \hat{\tau}_1 = 1.622$。该值表示共和党成员有两种概率：一种是层次"保守"作为分子、层次"适中"和"自由"作为分母，另一种是层次"适中"和"保守"作为分子、层次"自由"作为分母，其概率都是民主党的 $\exp(1.622) = 5.06$ 倍。

2.2 变量独立的条件检验

当关联项 $\tau_1 = \cdots = \tau_r = 0$ 时，模型 6 – 6 转变为变量独立模型。表 4 – 1 列出了变量独立模型和累积对数概率比行效应模型的估计期望频次。可以看出，累积对数概率比行效应模型估计的期望频次更接近观测频次。卡方统计检验量也可以证明：变量独立模型 $G^2(I) = 105.66$，$df = (r-1)(c-1) = 4$，而累积对数概率比行效应模型 $G^2(R) = 4.70$，$df = (r-1)(c-1) = 2$。

变量独立的条件检验：

$$G^2(I \mid R) = G^2(I) - G^2(R)$$

$$= 105.66 - 4.70$$
$$= 100.96$$

$df = 4 - 2 = 2$。查卡方表可知，两个模型的拟合度有明显差异，或者说，累积对数概率比行效应模型有了明显改善，证明党派和政治意识存在强关联。

3 多元定序概率比模型

二维列联表的累积对数概率比模型是多维列联表的特例。多维列联表的累积对数概率比模型除了应变量仍是定序的外，解释变量可以是定类的、定序的或定类和定序混合的。

3.1 同质累积对数概率比模型

以三维（$r \times c \times l$）列联表为例，X 和 Y 是解释变量，Z 是层次为 l 的定序应变量。X 和 Y 各有 r 和 c 个类别或层次，因此有 $r \times c$ 个组合。对于 r 和 c 的每一种组合，Z 有 $l-1$ 个累积对数概率比：

$$L_{k(ij)} = \log\left[\frac{m_{ij,k+1} + \cdots + m_{ijk}}{m_{ij1} + \cdots + m_{ijk}}\right], \quad k = 1, \cdots, l-1 \tag{6-8}$$

表 6-3 给出了三个模型的解释变量及其关联项，关联项对 $l-1$ 个对数概率比的效应是相同的。与模型 6-3 和模型 6-6 相比，三维列联表的模型关联项被称为偏关联项，各参数的解释和二维列联表的一样。例如，根据表 6-3，当 X 和 Y 是定类变量时，

$$L_{k(ij)} = \alpha_k + \tau_i^X + \tau_j^Y \tag{6-9}$$

式中，$\sum \tau_i^X = \sum \tau_j^Y = 0$。具有随机次序的 $\{\tau_i^X\}$ 是 X 的类别对定序应变量 Z 的行效应，该次序在协变量 Y 的每个类别上保持不变。在控制 Y 的条件下，$\{\tau_i^X\}$ 的每一对之差，即 X 两个类别的对数概率比之差，对应变量 Z 的 $l-1$ 个累积对数概率比保持不变，$\{\tau_j^Y\}$ 也是如此。

表 6 – 3　三维累积对数概率比模型的关联项，**Z** 是定序应变量

解释变量的种类		关联项		df
X	Y	X	Y	
定序	定序	$\beta^X(u_i-\bar u)$	$\beta^Y(v_j-\bar v)$	$rcl-rc-l-1$
定类	定序	τ_i^X	$\beta^Y(v_j-\bar v)$	$rcl-rc-l-c+1$
定类	定类	τ_i^X	τ_j^Y	$rcl-rc-r-c-l+3$

模型 6 – 9 有 $rc\,(l-1)$ 个对数概率比和 $(l-1)+(r-1)+(c-1)$ 个独立线性参数，因此 $df=rcl-rc-r-c-l+3$。

表 3 – 9 是 $4\times4\times3$ 交互表，$S=$ 家庭收入，是定序解释变量，有 4 个层次；$C=$ 家庭成分，是定类解释变量，有 4 个类别；$G=$ 受教育程度，是定序应变量，有 3 个层次。应用模型 6 – 8，$L_{k(ij)}$ 表示：家庭收入的层次 i、家庭成分的类别 j 和受教育程度的概率切点 k 的对数概率比。$S-C$ 的层次和类别组合为 $4\times4=16$。因为受教育程度的层次 $l=3$，对于 16 种组合的每一种，对数概率比有 2 个，总共有 32 个对数概率比。如果受教育程度与家庭收入和家庭成分无关。第一个对数概率比模型为：

$$L_{k(ij)}=\alpha_k,\quad k=1,2 \tag{6-10}$$

模型只有两个参数 α_1 和 α_2，所以 $df=32-2=30$，$G^2=388.28$。模型的拟合度很差。第二个对数概率比模型

$$L_{k(ij)}=\alpha_k+\beta^S(u_i-\bar u) \tag{6-11}$$

该模型假定家庭收入对受教育程度的两个对数概率比有相同的线性效应，并且受教育程度和家庭成分条件独立。模型 6 – 11 比模型 6 – 10 多一个参数，$df=29$，$G^2=108.15$。当赋值为连续整数时，两个模型的 G^2 之差 $388.28-108.15=280.13$，$df=1$。这表明模型 6 – 11 由于加入了一个定序关联项，拟合度有显著改善，证明家庭收入和受教育程度具有强关联。模型 6 – 11 没有家庭成分参数，是因为假定受教育程度独立于家庭成分，所以对于各种家庭成分，$S-G$ 的关联都是相同的。

表 6 - 4　累积对数概率比模型对受教育程度数据的分析

解释变量	G^2	df	G^2 之差	df 之差
无	388. 28	30		
$\beta^S(u_i - \bar{u})$	108. 15	29	280. 13	1
$\beta^S(u_i - \bar{u}) + \tau_j^C$	58. 07	26	50. 08	3

第三个对数概率比模型

$$L_{k(ij)} = \alpha_k + \beta^S(u_i - \bar{u}) + \tau_j^C \qquad (6-12)$$

式中，$\sum \tau_j^C = 0$。该模型表示，受教育程度和家庭收入线性关联，和家庭成分通过可加性效应关联。两个关联参数对受教育程度的两个对数概率比而言都是同质的。模型的 $G^2 = 58.07$，$df = 26$。与模型 6 - 11 的 G^2 之差 $108.15 - 58.07 = 50.08$，$df = 3$。这表明模型 6 - 12 的拟合度有了显著改善，证明受教育程度和家庭成分也存在较强的关联。换言之，对于家庭收入的每一层次，受教育程度和家庭成分都具有显著关系。

3.2　交互模型

前面介绍的对数概率比模型，其结构与回归模型一样，都没有交互项。但是对数概率比模型也可以像对数线性模型一样，设置交互项。假设应变量 Z 的对数概率比和解释变量 Y 线性相关，并且斜率随着 X 各类别或层次的变化而变化，这样，表 6 - 3 的第二个模型就变成

$$L_{k(ij)} = \alpha_k + \tau_i^X + \beta^Y(v_j - \bar{v}) + \zeta_i^X(v_j - \bar{v})$$

式中，$\sum \tau_i^X = \sum \zeta_i^X = 0$。$Y$ 对对数概率比的斜率效应在 X 的第 i 个类别上等于 $\beta^Y + \zeta^X$。该模型的 $df = rcl - rc - l - 2r + 2$。

这一章介绍的对数概率比模型的共同特点是，解释变量的效应对应变量的各种对数概率比而言都是同质的。在条件允许时，我们应尽可能地应用这类模型，以利于对参数进行解释。

第 7 章

统计软件的迅猛发展

1996 年，A. Agresti 的著作 *An Introduction to Categorical Data Analysis* 出版，该书附录对定类和定序数据分析的软件应用具有重要的借鉴作用。读者在阅读本章时，结合对原著的学习，可以收到事半功倍的效果。

目前，由于软件的迅猛发展，原文中的一些表述已经过时，本章对此进行了修正。

众所周知，大多数主流统计软件均支持定类数据分析。如 SAS、SPSS、S – Plus、GLIM 和 BMDP 等均可完成绝大部分本章所涉及的大样本（large-sample）数据分析。此外，StatXact 及其附带的 LogXact 组件还能够对小样本（small-sample）数据进行分析；而 SPSS 的 Exact Tests 模块也具有近似 StatXact 的小样本分析功能。接下来，本章就将介绍如何使用统计软件对该书中所出现的数据进行分析。

囿于篇幅，在本章中我们无法论及所有的统计软件，仅以 SAS 9.3 正式版的使用为例。此外，本章也会简略论及 SPSS，它是一款在 Windows 平台上基于菜单驱动（式）的统计分析软件。至于对 GLIM 和 BMDP 范例的讲解，请参阅 Agresti 的相关专著（1996）。本章主要把重点放在各统计软件对不同模型的基本拟合上，而不拘泥于各软件在具体功能上的细微差别。需要说明的是，本章所引例子是按照该书各章节在文中出现的顺序安排的，所有的表格和数据都可以从 Stat 实验室（StatLib）获取，所有的文件资料都可以从网址 http：//lib. stat. cmu. edu/datasets/agresti 下载。若要获取更多关于 Stat 实验室的信息，可以发送邮件至 statlib@ lib. stat. edu。

本章仍使用原书的表序号，以方便读者阅读 A. Agresti 著作的附录。

1　使用 SAS 和 SPSS 对定性数据进行分析

1.1　二维列联表（Two-Way Contingency Tables）

表 A-1 是利用 SAS 对表 2-3 进行数据分析的程序示例。标识符 @@ 表示数据是连续输入的，即每一行的数据都包含一个以上的观察值。FREQ 命令字符串的 CHISQ 选项表示进行独立性卡方检验，EXPECTED 选项提供了估计期望频次，MEASURES 选项则提供了多种关联测量法以及它们的 ASE 值。对于 2×2 二维列联表，MEASURES 选项提供某优比（odds ratio，具体输出数值时在"case-control"标签下显示）下的置信区间和相对风险（relative risk）。如表 A-1 所示，我们也可以用 GENMOD 过程完成对卡方的检验，它的 OBSTATS 和 RESIDUALS 选项可以计算单元格残差〔输出时被标为"StReschi"的是校正残差（2.4.4）〕。

表 2-3　使用阿司匹林与心肌梗死的交互分类表

组	心肌梗死		边缘和
	是	否	
安慰剂	189	10845	11034
阿司匹林	104	10933	11037

资料来源：Preliminary Report: Findings from the Aspirin Component of the Ongoing Physicians' Health Study. N. Engl, *J. Med.* , 318: 262-264 (1988)。

表 A – 1　对表 2 – 3 进行 SAS 分析

```
data aspirin;

input group mi count @ @ ;

cards;

    1  1  189    1  2  10845

    2  1  104    2  2  10933

;

proc freq; weight count;

    tables group * mi / chisq expected measures;

proc genmod;

    model count = group mi / dist = poi link = log obstats residuals;

run;
```

表 A – 2 是利用 SAS 对表 2 – 7 进行分析的程序示例。利用 FREQ 过程的 CMH1 选项我们可以计算出定类数据的统计量（2.5.1）——非零相关系数。表 A – 2 用值集（0，0.5，1.5，4.0，7.0）来测量"酒精的摄入"这个变量。CMH1 选项的 SCORES 等于 REDIT，表示用中位值（mid-rank scores）完成数据分析。

表 2 – 7　婴儿畸形与母亲的酒精摄入量的交互分类表

酒精摄入量	是否畸形		总数	婴儿畸形的百分比	校正残差
	是	否			
0	17066	48	17114	0.28	– 0.18
<1	14464	38	14502	0.26	– 0.71
1 ~ 2	788	5	793	0.63	1.84
3 ~ 5	126	1	127	0.79	1.06
≥6	37	1	38	2.63	2.71

资料来源：Graubard，B. I. and E. L. Korn. 1987，*Biometrics*，43：471 – 476（1987）. Reprinted with permission of the Biometric Society。

表 A – 2　对表 2 – 7 进行 SAS 分析

```
data infants;
input malform alcohol count @ @ ;
cards;
    1  0  17066    1  0.5  14464   1  1.5  788   1  4.0  126   1  7.0  37
    2  0     48    2  0.5     38   2  1.5    5   2  4.0    1   2  7.0   1
;
proc freq; weight count;
    tables malform * alcohol / chisq cmh1 ;
proc freq; weight count;
    tables malform * alcohol / cmh1 scores = ridit ;
run;
```

　　对于那些单元格频次较小的表格，FREQ 过程的 EXACT 选项可通过将表中变量视为定类变量从而完成独立性精确检验。对于特殊的 2×2 二维列联表来说，这便是费舍尔精确检验。表 A – 3 是利用 SAS 的 FREQ 过程对表 2 – 8 中的品茶数据进行检验。

表 2 – 8　费舍尔（Fisher）品茶实验

首先倒入(实际)	首先倒入(猜测)		边缘和
	牛奶	茶	
牛奶	3	1	4
茶	1	3	4
边缘和	4	4	

表 A – 3　对表 2 – 8 进行 SAS 分析

```
data tea;
input poured guess count @ @ ;
cards;
    1  1  3      1  2  1
    2  1  1      2  2  3
;
proc freq; weight count;
    tables poured * guess / exact;
run;
```

在 SPSS 中，我们可以使用"Statistics"菜单下"Summarize"选项中的 CROSSTABS 模块进行标准卡方检验并计算出相关系数。SPSS 将此过程称作 *Mantel - Haenszel* 线性相关检验。此外，CROSSTABS 模块还可以提供校正残差计算、费舍尔精确检验以及其他多种相关参数，如优比和相对风险等测量。

与 SPSS 的 Exact Tests 模块一样，StatXact 也能够完成对二维列联表的定类或定序数据的精确检验任务。

1.2 *广义线性模型*（Generalized Linear Models）

SAS 中的 GENMOD 过程可以对广义线性模型进行拟合，从 SAS 6.08 版开始可以调用。GENMOD 过程包括 DIST 和 LINK 两个属性，分别用于指定分布类型和函数类型。

DIST = poi 指定泊松分布；DIST = bin 指定二项分布；DIST = nor 指定正态分布。

LINK = logit 指定 Logit 模型；LINK = probit 指定 Probit 模型；LINK = identity 指定 Identity 模型。

表 A - 5 是利用在 SAS（GENMOD）对表 4 - 1 中的数据进行分析。对于二项式模型而言，model 命令串中的应变量必须以被案例个数分割的"successes"的数目为变量层次取值。在表 A - 5，被标为 TOTAL 标签的变量要包括"打鼾"这一变量在所有层次取值时的个案数，DISEASE 则要包括在"是否患心脏疾病"一项上回答为"是"的所有个案数。自变量用赋值（0, 2, 4, 5）来测量"打鼾"。另外，患心脏疾病概率的模型使用了本体（identity）、对数概率比（logit）和逆正函回归（probit）3 个函数。

表 4 - 1 打鼾与心脏疾病之间的关系

是否打鼾	是否患心脏疾病		回答"是"的比例	线性拟合	对数拟合	逆正函回归拟合
	是	否				
从不	24	1355	0.017	0.017	0.021	0.020
偶尔	35	603	0.055	0.057	0.044	0.046

是否打鼾	是否患心脏疾病		回答"是"的比例	线性拟合	对数拟合	逆正函回归拟合
	是	否				
几乎每晚	21	192	0.099	0.096	0.093	0.095
每晚	30	224	0.118	0.116	0.132	0.131

注：拟合模型指的是回答"是"的比例。

资料来源：Norton，P. G. & E. V. Dunn，*Brit. Med. J.*，291：630 – 632（1985），published by BMJ Publishing Group；也可参阅 D. J. Hand et al.（eds.）1984. *Small Data Sets*. London：Chapman and Hall。

表 A – 5 对表 4 – 1 进行 SAS 分析

```
data glm；
input snoring disease total；
cards；
    0   24   1379
    2   35    638
    4   21    213
    5   30    254
；
proc genmod；model disease/total ＝ snoring / dist ＝ bin link ＝ identity；
proc genmod；model disease/total ＝ snoring / dist ＝ bin link ＝ logit；
proc genmod；model disease/total ＝ snoring / dist ＝ bin link ＝ probit；
run；
```

表 A – 6 是利用 SAS 对表 4 – 2 中的数据进行泊松回归和对数概率比回归分析的程序示例，其中每个观察值表示一只蟹。在泊松回归中，把"宽度"视为一变量，我们就可以用对数链接模型（4.3.1）对第一个模型进行拟合，用本体链接模型对第二个模型进行拟合。在对数概率比回归（4.2.2）中，可以将第三个模型拟合成一个二分取值的变量 Y：当雌蟹"跟随雄蟹"时，$Y = 1$；当雌蟹没有"跟随雄蟹"时，$Y = 0$（第 5 章详细讨论了这个模型）。此模型的结果就是成功个案数（$Y = 1$ 表示成功）与总个案数的比值。除此之外，GENMOD 过程的 OBSTATS 选项可以提供不同的观测统计值，包括预测值（predicted values）以及它们的置信区间。

表 4 - 2　雌蟹的颜色、刺的情况、外壳宽度、重量和跟随的雌蟹数

C	S	W	Wt	Sa	C	S	W	Wt	Sa	C	S	W	Wt	Sa	C	S	W	Wt	Sa
2	3	28.3	3.05	8	3	3	22.5	1.55	0	1	1	26.0	2.30	9	3	3	24.8	2.10	0
3	3	26.0	2.60	4	2	2	23.8	2.10	0	3	2	24.7	1.90	0	2	1	23.7	1.95	0
3	3	25.6	2.15	0	3	3	24.3	2.15	0	3	3	25.8	2.65	0	3	3	28.2	3.05	11
4	2	21.0	1.85	0	1	1	26.0	2.30	14	1	1	27.1	2.95	8	3	3	25.2	2.00	1
2	3	29.0	3.00	1	2	3	24.7	2.20	0	2	3	27.4	2.70	5	2	2	23.2	1.95	4
1	2	25.0	2.30	3	3	1	22.5	1.60	1	3	3	26.7	2.60	2	4	3	25.8	2.00	3
4	3	26.2	1.30	0	2	3	28.7	3.15	3	2	1	26.8	2.70	5	4	3	27.5	2.60	0
2	3	24.9	2.10	0	1	1	29.3	3.20	4	1	3	25.8	2.60	0	2	2	25.7	2.00	0
2	1	25.7	2.00	8	2	3	26.7	2.70	5	4	3	23.7	1.85	0	2	3	26.8	2.65	0
2	3	27.5	3.15	6	2	3	23.4	1.90	0	2	3	27.9	2.80	6	3	3	27.5	3.10	3
1	1	26.1	2.80	5	1	1	27.7	2.50	6	3	3	30.0	3.30	5	3	2	28.5	3.25	9
3	3	28.9	2.80	4	3	3	28.2	2.60	6	2	3	25.0	2.10	4	2	3	28.5	3.00	3
2	1	30.3	3.60	3	2	3	24.7	2.10	5	2	3	27.7	2.90	5	1	3	27.4	2.70	6
2	3	22.9	1.60	4	2	1	25.7	2.00	5	2	3	28.3	3.00	15	2	1	27.2	2.70	3
3	3	26.2	2.30	3	4	1	27.8	2.75	0	4	3	25.5	2.25	0	3	3	27.1	2.55	0
3	3	24.5	2.05	5	2	1	27.0	2.45	3	2	3	26.0	2.15	5	2	1	28.0	2.80	1
2	3	30.0	3.05	8	3	3	29.0	3.20	10	2	3	26.2	2.40	0	2	3	26.5	1.30	0
2	3	26.2	2.40	3	2	3	25.6	2.80	7	3	1	23.0	1.65	1	3	3	23.0	1.80	0
2	3	25.4	2.25	6	2	3	24.2	1.90	0	2	1	22.9	1.60	0	3	1	26.0	2.20	3
4	3	25.4	2.25	4	2	3	25.7	1.20	0	2	1	25.1	2.10	5	3	3	24.5	2.25	0
4	3	27.5	2.90	0	3	3	23.1	1.65	0	3	1	25.9	2.55	4	2	2	25.8	2.30	0
2	2	27.0	2.25	3	4	3	28.5	3.05	0	4	2	25.5	2.75	0	4	3	23.5	1.90	0
2	2	24.0	1.70	0	4	2	29.7	3.85	5	2	2	26.8	2.55	0	4	3	26.7	2.45	0
2	1	28.7	3.20	0	2	3	23.1	1.55	0	2	1	29.0	2.80	1	3	3	25.5	2.25	0

续表

C	S	W	Wt	Sa	C	S	W	Wt	Sa	C	S	W	Wt	Sa	C	S	W	Wt	Sa
3	3	26.5	1.97	1	3	3	24.5	2.20	1	3	3	28.5	3.00	1	2	3	28.2	2.87	1
2	3	24.5	1.60	1	2	3	27.5	2.55	1	2	2	24.7	2.55	4	2	1	25.2	2.00	1
3	3	27.3	2.90	1	2	3	26.3	2.40	3	2	3	29.0	3.10	1	2	3	25.3	1.90	2
2	3	26.5	2.30	4	2	3	27.8	3.25	2	2	3	27.0	2.50	6	3	3	25.7	2.10	0
2	3	25.0	2.10	2	4	3	31.9	3.33	5	4	3	23.7	1.80	0	4	3	29.3	3.23	12
3	3	22.0	1.40	0	3	3	25.0	2.40	0	3	3	27.0	2.50	6	3	3	23.8	1.80	6
1	1	30.2	3.28	2	3	3	26.2	2.22	3	2	3	24.2	1.65	2	2	3	27.4	2.90	3
2	2	25.4	2.30	0	3	3	28.4	3.20	6	4	3	22.5	1.47	4	2	3	26.2	2.02	2
2	1	24.9	2.30	6	1	2	24.5	1.95	7	2	3	25.1	1.80	0	2	1	28.0	2.90	4
4	3	25.8	2.25	10	2	3	27.9	3.05	6	2	3	24.9	2.20	0	2	1	28.4	3.10	5
3	3	27.2	2.40	5	3	2	25.0	2.25	3	2	3	27.5	2.63	6	2	3	33.5	5.20	7
2	3	30.5	3.32	3	3	3	29.0	2.92	4	2	1	24.3	2.00	0	2	3	25.8	2.40	0
4	3	25.0	2.10	8	2	1	31.7	3.73	4	3	3	29.5	3.02	4	3	3	24.0	1.90	10
2	3	30.0	3.00	9	2	3	27.6	2.85	0	2	3	26.2	2.30	0	2	3	23.1	2.00	0
2	1	22.9	1.60	0	4	3	24.5	1.90	0	2	3	24.7	1.95	4	2	3	28.3	3.20	0
2	3	23.9	1.85	2	3	3	23.8	1.80	8	3	3	29.8	3.50	4	2	3	26.5	2.35	4
2	3	26.0	2.28	3	2	3	28.2	3.05	0	4	3	25.7	2.15	0	2	3	26.5	2.75	7
2	3	25.8	2.20	0	3	3	24.1	1.80	2	3	3	26.2	2.17	2	3	3	26.1	2.75	3
3	3	29.0	3.28	4	1	1	28.0	2.62	0	4	3	27.0	2.63	0	2	2	24.5	2.00	0
1	1	26.5	2.35	0															

注：C=雌蟹的颜色（1=浅灰青色，2=灰青色，3=浅青色，4=青色）；S=刺的情况（1=两只雌蟹健全有力，2=一只雌蟹被另一只刺伤，3=两只雌蟹互相刺伤）；W=外壳宽度（厘米）；Wt=重量（千克）；Sa=跟随的雌蟹数。

资料来源：数据由佛罗里达大学动物系博士 Jane Brockmann 提供，也可以从 http：//lib.stat.cmu.edu/datasets/agresti 上获取数据。

表 A - 6　对表 4 - 2 进行 SAS 分析

```
data crabs;
input color spine width weight satell;
if satell > 0 then y = 1; if satell = 0 then y = 0; n = 1;
cards;
    2    3    28. 3    3. 05      8
    3    3    26. 0    2. 60      4
    ...
    2    2    24. 5    2. 00      0
;
proc genmod; model satell  =  width / dist = poi link = log;
proc genmod; model satell  =  width / dist = poi link = identity;
proc genmod; model y/n  =  width / dist = bin link = logit obstats;
proc genmod; class color;
    model y/n  =  color width / dist = bin link = logit; contrast 'a - d' color 1 0 0 -1;
proc genmod; model y/n  =  color width / dist = bin link = logit;
proc genmod; class color spine;
    model y/n  =  color spine width weight / dist = bin link = logit type3;
proc logistic; model y  =  width / lackfit;
proc logistic; model y  =  color weight width / selection = backward;
run;
```

　　表 A - 6 是利用 SAS 的 LOGISTIC 过程对 Logistic 回归模型进行分析的程序示例。此程序按照字符串字母顺序对应变量的层次进行排列，从而形成对数概率，例如，$[P(Y = 0)/P(Y = 0)]$。当然，我们也可以用 DESCENDING 选项来把变量的层次顺序颠倒过来，具体操作是调用命令 PROC LOGISTIC DESCENDING。

　　表 A - 7 则是利用 SAS 的 GENMOD 过程对表 4 - 3 中的分组数据用 Logit 函数进行泊松回归模型（4.3.3）拟合的程序示例。通过把个案数目的对数作为偏差（offset），GENMOD 过程可以对每一加权层次的所有"跟随雄蟹"数目进行建模。另外，OBSTATS 选项提供了皮尔逊残差，RESIDUALS 选项提供了校正后的残差（输出时被标为"StReschi"），并且可以调整皮尔逊残差使其具有合适的标准正态分布。

SPSS 的 GENLOG 模块提供了对对数线性模型和对数概率比模型进行分析的强大功能（更多使用详情，请参阅 Chapter 6 in *SPSS 6.1 for Windows Update*, *SPSS Inc.*, Chicago, 1994）。同时 GENLOG 模块也提供了对泊松回归模型的进行拟合的功能（更多使用详情，请参阅 pp. 95 – 101, Chapter 6 in *SPSS 6.1 for Windows Update*, *SPSS Inc.*, Chicago, 1994）。我们所做的就是在对话框中指定泊松分布的单元格频次，为自定义模型指定预测项，为单元格结构指定偏移指数。

表 4 – 3　泊松（Poisson）对数线形模型的拟合与残差

宽度	案例个数	跟随雄蟹数	拟合值	皮尔逊残差	校正残差
< 23.25	14	14	20.5	− 1.44	− 1.63
23.25 ~ 24.25	14	20	25.1	− 1.01	− 1.11
24.25 ~ 25.25	28	67	58.9	1.06	1.23
25.25 ~ 26.25	39	105	98.6	0.64	0.75
26.25 ~ 27.25	22	63	65.5	− 0.31	− 0.34
27.25 ~ 28.25	24	93	84.3	0.95	1.06
28.25 ~ 29.25	18	71	74.2	− 0.37	− 0.42
≥ 29.25	14	72	77.9	− 0.67	− 1.00

表 A – 7　对表 4 – 3 进行 SAS 分析

```
data crabs;
input width cases satell; log_case = log( cases) ;
cards;
    22.69    14     14
    23.84    14     20
    24.77    28     67
    25.84    39    105
    26.79    22     63
    27.74    24     93
    28.67    18     71
    30.41    14     72
;
proc genmod;
        model satell = width / dist = poi link = log offset = log_case obstats residuals;
run;
```

1.3　对数概率比（Logistic）回归模型

在对 Logistic 回归模型进行拟合时，我们既可以选择那些针对广义线性模型的统计软件，也可以选择专门的 Logistic 回归软件。表 A – 8 是利用 SAS 的 GENMOD 过程和 LOGISTIC 过程对表 5 – 1 的数据进行分析的程序示例。在程序代码中，"satell" 代表既定宽度且跟随雄蟹的雌蟹数量。GENMOD 过程中的 WALDCI 选项可以为既定参数提供普通大样本置信区间，LRCI 选项则提供了另一种区间类型——偏拟然区间（profile likelihood intervals）。由于这些概念都超出了本书的讨论范围，在此不做赘述。简单地说，这两个区间类型的主要差别在于依据大样本进行推论可能是不恰当的。因此，我们要用那些专门为小样本推论而设计的统计软件，如 LogXact。在 logistic 回归模型中，这个软件可以为参数提供条件性最大似然拟合和精确推导功能。

与 GENMOD 过程一样，也可以将 LOGISTIC 过程链接到其他函数上，如 Probit 函数等。LOGISTIC 过程中的 INFLUENCE 选项可以提供回归诊断（regression diagnostics）。在模型拟合过程中，表 A – 8 的程序需要给出估计概率和上限与下限为 95% 置信限制的实际概率。

表 5 – 1　雌蟹宽度与跟随雄蟹数的关系以及对数概率回归模型的预测值

宽度	案例个数	跟随雄蟹数	样本比例	预测概率	预测跟随雄蟹的雌蟹数
< 23. 25	14	5	0. 36	0. 26	3. 64
23. 25 ~ 24. 25	14	4	0. 29	0. 38	5. 31
24. 25 ~ 25. 25	28	17	0. 61	0. 49	13. 78
25. 25 ~ 26. 25	39	21	0. 54	0. 62	24. 23
26. 25 ~ 27. 25	22	15	0. 68	0. 72	15. 94
27. 25 ~ 28. 25	24	20	0. 83	0. 81	19. 38
28. 25 ~ 29. 25	18	15	0. 83	0. 87	15. 65
≥29. 25	14	14	1. 00	0. 93	13. 08

表 A − 8　对表 5 − 1 进行 SAS 分析

```
data crabs;
input width cases satell;
cards;
    22. 69    14      5
    23. 84    14      4
    24. 77    28     17
    25. 84    39     21
    26. 79    22     15
    27. 74    24     20
    28. 67    18     15
    30. 41    14     14
;
proc genmod; model satell/cases  =  width / dist = bin link = logit obstats;
    residuals waldci lrci;
proc logistic; model satell/cases  =  width / influence;
    output out = predict p = pi_hat lower = LCL upper = UCL;
proc print data = predict;
run;
```

　　表 A − 9 是用 SAS 的 GENMOD 过程将表 5 − 5 中的数据拟合成定类变量的 Logistic 回归模型的程序示例。当要输入/删掉的是字符串而不是数值时，要在 INPUT 命令中为变量添加 $ 标识符。通过在 CLASS 函数中的声明变量，我们可以在 GENMOD 过程中设置一个与因子相关的虚拟变量，这样每一因子最后一个层次的参数估计值就等于 0。除非我们在 PROC 命令行中输入 ORDER = DATA，否则 SAS 会自动按照字母顺序对定类变量的层次进行排列。在包含多元预测变量的模型中，TYPE3 选项会提供似然比检验来测定模型中每一个体变量的显著度。

表 5 − 5　AZT 使用、种族与 AIDS 症状变异 3 个变量的交互分类表

种族	AZT 使用	AIDS 症状变异	
		是	否
白色	是	14	93
	否	32	81
黑色	是	11	52
	否	12	43

表 A – 9 对表 5 – 5 进行 SAS 分析

```
data aids;

input race $ azt $ yes no @ @ ;

cases = yes + no;

cards;

    white    y    14    93        white    n    32    81

    black    y    11    52        black    n    12    43

;

proc genmod order = data; class race azt;

    model yes/cases = race azt / dist = bin link = logit type3 obstats residuals;

run;
```

表 A – 8 中的第 5、6 个 GENMOD 命令都把颜色和宽度作为蟹类数据的预测变量；颜色在第 5 个 model 命令中是定类变量（鉴于 CLASS 命令行），在第 6 个 model 命令中则变成定量变量。表 A – 6 中的第 6 个 GENMOD 命令则利用表 4 – 2 中的所有变量取值对模型的主效应（main effects）进行拟合。GENMOD 命令中的 CONTRAST 选项可以检验参数间的比较，如对一个因子的两个相邻层次的参数进行检验。举个例子来说，当颜色是定类变量时，"contrast" 命令串就会显示颜色变量在第 4 和第 5 个层次上的差异。

正如表 A – 8 中最后一行 model 命令所显示的那样，与前面所述相比，LOGISTIC 过程含有对变量进行逐步选择（stepwise selection）的功能选项。此外，程序中的 LACKFIT 选项也会计算出 Hosmer – Lemeshow 统计值。

在 SPSS 中，我们可以用 LOGISTIC REGRESSION 模块拟合对数概率比回归模型，此程序可以在"Statistics"菜单的"Regression"子菜单中调用。具体步骤如下：先识别出应变量和解释变量（在 SPSS 软件中，也称作协变量）；然后用"Categorical"选项识别出定类变量。另外，此程序也含有对逐步模型进行选择的选项，如"向后消元法"（backward elimination），它可以提供一系列回归诊断分析。在针对定类变量设定虚拟变量的选项中，就像原书中论述的那样，"simple" 对比项可以通过把最后的定类类别作为底线来建构这些虚拟变量。当然，我们也可以用广义对数线性程序中的相关选项来拟合这些模型，把定类变量定义为因子（即影响应变量的各种因素），把定序变量定义为单元协变量。

1.4　列联表的对数概率比模型

在对对数线性模型进行拟合时，我们既可以选择那些针对广义线性模型的统计软件，也可以选择专门的对数线性模型拟合软件。表 A – 10 是使用 SAS 的 GENMOD 过程和 CATMOD 过程把表 6 – 3 中的数据拟合成模型（AM, CM）的程序示例。GENMOD 过程中的 CLASS 函数构建出定类因子的虚拟变量。GENMOD 过程中的 $A * M$ 和 CATMOD 过程中的 $A \mid M$ 代表的是 $A - M$ 关联。由于 CATMOD 过程使用的是因子估计，所以它们的值的和为 0。而 GENMOD 过程则把对最后一个类别或层次的变量的估计取值设置成 0。另外，GENMOD 过程中的 OBSTATS 和 RESIDUALS 选项可以为我们提供对回归模型的诊断，包括皮尔逊残差和校正残差。

在 SPSS 中，我们可以用 GENLOG 模块拟合标准对数线性模型，也可以用此程序执行针对二维列联表的独立卡方检验任务，还可以显示模型拟合后的标准化残差和校正残差。在自定义模型（或非饱和模型）中，我们可以加入因子和其他相关交互效应，并用 "Data" 菜单中的 "Weight cases" 选项对每一个单元格频次进行加权。

表 6 – 3　高中生是否饮酒、抽烟和吸大麻

饮酒	抽烟	吸抽大麻	
		是	否
是	是	911	538
	否	44	456
否	是	3	43
	否	2	279

资料来源：感谢莱特州立大学 H. Khamis 教授给予这些资料。

表 A – 10　对表 6 – 3 进行 SAS 分析

```
data drugs;

input a c m count @ @ ;

cards;

    1  1  1  911      1  1  2  538      1  2  1  44      1  2  2  456

    2  1  1   3       2  1  2  43       2  2  1  2       2  2  2  279

;

proc genmod; class a c m;

    model count = a c m a * m c * m/dist = poi link = log obstats residuals;

proc catmod; weight count;

    model a * c * m = _responses_; loglin a m c m;

run;
```

1.5　构建并应用对数概率比模型与对数线性模型

我们可以用那些针对广义线性模型的统计软件拟合定序层次对数线性模型。表 A – 11 是利用 SAS 的 GENMOD 过程将表 7 – 3 中的数据拟合成独立模型和线性对线性关联模型（7.2.1）的程序示例。被定义的变量"assoc"代表的是行赋值和列赋值的叉积，并在线性对线性关联模型中有参数 β 作为关联系数。

表 7 – 3　变量独立模型的拟合以及公众对婚前性行为、13～19 岁青少年生育控制可行性所持观点的校正残差

婚前性行为	对 13～19 岁青少年进行生育控制			
	非常不同意	不同意	同意	非常同意
完全不正当	81	68	60	38
	(42.4)	(51.2)	(86.4)	(67.0)
	7.6	3.1	– 4.1	– 4.8
几乎不正当	24	26	29	14
	(16.0)	(19.3)	(32.5)	(25.2)
	2.3	1.8	– 0.8	– 2.8

续表

婚前性行为	对 13～19 岁青少年进行生育控制			
	非常不同意	不同意	同意	非常同意
有时不正当	18	41	74	42
	(30.1)	(36.3)	(61.2)	(47.4)
	-2.7	1.0	2.2	-1.0
完全正当	36	57	161	157
	(70.6)	(85.2)	(143.8)	(111.4)
	-6.1	-4.6	2.4	6.8

资料来源：1991 General Social Survey。

表 A-11　对表 7-3 进行 SAS 分析

```
data sex;
input premar birth count @ @ ; assoc = premar * birth;
cards;
    1   1   38        1   2   60        1   3   68        1   4   81
    2   1   14        2   2   29        2   3   26        2   4   24
    3   1   42        3   2   74        3   3   41        3   4   18
    4   1   157       4   2   161       4   3   57        4   4   36
;
proc genmod; class premar birth;
    model count  =  premar birth  =  poi link  =  log;
proc genmod; class premar birth;
    model count  =  premar birth assoc / dist  =  poi link  =  log;
run;
```

在 SPSS 中，我们可以用 GENLOG 模块拟合线性对线性关联模型。我们可以创建一个行赋值和列赋值的叉积（也称作向量积）变量 $u_i v_j$，并把这个新变量定义为一个在自定义模型（包括行和列两个分类因子）中的单元协变量。

利用 FREQ 过程的 CMH 选项，可以提供在 7.3 节讨论过的条件性独立 CMH 广义检验。"一般性关联"的系数把 X、Y 视为定类变量，"行均值差"的系数则把 X 视为定类变量，把 Y 视为定序变量〔当 $k=1$ 时，统计值见（7.3.2）〕，"非零相关"系数把 X、Y 都视为定序变量〔当 $k=1$ 时，统计值见（2.5.1）〕。除此之外，用赋值（1，3，4，5）代表 $Y=$ 工作满意度，赋值（3，10，20，35）代表 $X=$ 收入，表 A-12 是利用 SAS 对表 7-5 进行分析的程序示例。另外，对于中间值，可以使用"SCORE = RIDIT"选项。

另外，SAS 的 LOGISTIC 过程建立了一个判断指令，用于检验对数概率比模型的最大似然估计是否存在。

表 7-5　工作满意度、收入和性别 3 个变量的交互分类表

性别	收入	工作满意度			
		非常不满意	较不满意	满意	非常满意
女	<5000 元	1	3	11	2
	5000~15000 元	2	3	17	3
	15000~25000 元	0	1	8	5
	≥25000 元	0	2	4	2
男	<5000 元	1	1	2	1
	5000~15000 元	0	3	5	1
	15000~25000 元	0	0	7	3
	≥25000 元	0	1	9	6

资料来源：1991 General Social Survey。

表 A-12　对表 7-5 进行 SAS 分析

```
data cmh;
input gender $ income statistf count @ @ ;
cards;
     F   1    1    1      F   3    3    3      F   3    4    11     F   3    5    2
     F  10    1    2      F  10    3    3      F  10    4    17     F  10    5    3
     F  20    1    0      F  20    3    1      F  20    4    8      F  20    5    5
     F  35    1    0      F  35    3    2      F  35    4    4      F  35    5    2
     ...
     M  35    1    0      M  35    3    1      M  35    4    9      M  35    5    6
;
proc freq; weight count;
     tables center * income * satisf / cmh;
run;
```

1.6 多元定类对数概率比模型（Multi-Category Logit Models）

在 SAS 中可以直接用 CATMOD 过程来拟合广义对数概率比模型。对于定类应变量，CATMOD 过程用最后一个定类类别的应变量作为对数概率比的不参与底线。表 A – 13 是利用 SAS 的 CATMOD 过程对表 8 – 1 进行模型拟合的程序示例（8.1.1）。CATMOD 过程中的 DIRECT 函数把变量定义为定量的。选项 PRED = PROB 和选项 PRED = FREQ 则提供了预测概率、拟合值及其标准误差。

表 8 – 1 59 只大小不同的佛罗里达鳄鱼与其首选食物的分类表

1. 24 I	1. 30 I	1. 30 I	1. 32 F	1. 32 F	1. 40 F	1. 42 I	1. 42F
1. 45 I	1. 45 O	1. 47 I	1. 47 F	1. 50 I	1. 52 I	1. 55 I	1. 60 I
1. 63 I	1. 65 O	1. 65 I	1. 65 F	1. 65 F	1. 68 F	1. 70 I	1. 73O
1. 78 I	1. 78 I	1. 78 O	1. 80 I	1. 80 F	1. 85F	1. 88 I	1. 93 I
1. 98 I	2. 03 F	2. 03 F	2. 16 F	2. 26 F	2. 31 F	2. 31 F	2. 36F
2. 36F	2. 39 F	2. 41 F	2. 44 F	2. 46 F	2. 56O	2. 67 F	2. 72 I
2. 79 F	2. 84F	3. 25 O	3. 28 O	3. 33 F	3. 56F	3. 58F	3. 66F
3. 68 O	3. 71 F	3. 89 F					

注：F = 鱼，I = 无脊椎动物，O = 其他。
资料来源：感谢 M. F. Delany 和 Clint T. Moore 提供的数据。

表 A – 13 对表 8 – 1 进行 SAS 分析

```
data gator;
input length choice $ @ @ ;
cards;
    1. 24   I     1. 30   I     1. 30   I     1. 32   F     1. 32   F     1. 40   F     1. 42   I   1. 42   F
    ...
    3. 68   O     3. 71   F     3. 89   F
;
proc catmod; response logits; direct length;
    model choice  =  length/ pred = prob pred = freq;
run;
```

当某一特定定类类别的应变量数超过 2 个时，SAS 中的 LOGISTIC 过程会对累积对数概率比模型的概率比进行最大似然拟合，表 A – 14 是运

用此法对表 8 - 6 进行概率比模型拟合的程序示例。CATMOD 过程中的
CLOGI 和 TALOGIT 函数可以对累积对数概率比模型和相邻类别概率比模
型进行拟合，但这些函数只提供加权最小二乘法拟合而不是最大似然拟
合。实际上，对于定类变量类型的大样本，加权最小二乘法拟合和最大似
然拟合基本上是相同的。表 A - 14 利用 SAS 的 CATMOD 过程建立了加权
最小二乘法模型和相邻类别概率比模型（8.3.2）。

表 8 - 6 利用累积对数概率比回归模型分析政治党派的政治意识形态

政治党派	政治意识形态					边缘和
	非常自由	较自由	一般	较保守	非常保守	
民主党	80	81	171	41	55	428
	(78.4)	(83.2)	(168.2)	(49.1)	(49.1)	
共和党	30	46	148	84	99	407
	(31.8)	(44.0)	(151.7)	(75.5)	(104.0)	

资料来源：1991 General Social Survey。

表 A - 14 对表 8 - 6 进行 SAS 分析

```
data politics;
input party ideology count @ @ ;
cards;
    1 1 80    1 2 81    1 3 171    1 4 41    1 5 55
    0 1 30    0 2 46    0 3 148    0 4 84    0 5 99
;
proc logistic; weight count;
    model ideology = party;
proc catmod; weight count; response logits;
    model ideology = _response_party;
proc catmod; weight count; response alogits;
    model ideology = _response_party;
run;
```

在 SPSS 中，可以用 GENLOG 广义对数线性模型模块下的 logit 选项拟
合基线分类对数概率比模型（更多使用详情，请参阅 pp.71 - 78，in *SPSS*

6.1 *for Windows Update*，*SPSS Inc.*，Chicago，1994），也可用此模块简单地拟合升级对数概率比模型。

当所有的变量都是定类的时，我们就可以用相应的对数线性模型拟合软件对原书 8.1 节和 8.3 节的对数概率比模型进行拟合。例如，若要拟合一个定序层次的定类变量的相邻类别对数概率比模型，我们可以使用 SPSS 的 GENMOD 模块把相应的线性对线性关联模型拟合成泊松对数线性模型；当然，也可以使用定序对数概率比回归软件把累积对数概率比模型拟合成两个二分对数概率比模型。

1.7 配对模型（Models for Matched Pairs）

对于正方表格（square tables）来说，FREQ 过程中的 AGREE 选项可以提供二分应变量的 McNemar 卡方统计量、对称模型的 χ^2 检验（也称作 *Bowker's* 检验）以及 Cohen's kappa 和它的 ASE 值。我们也可以用 FREQ 过程中的 CMH 选项来对边际同质性进行检验（tests of marginal homogeneity）（9.2.1 节、9.2.4 节）。

表 9-6 公众对婚前性行为和私下性行为的态度，以及定序准对称模型的拟合

婚前性行为	私下性行为				边缘和
	1	2	3	4	
1	144	2	0	0	146
	(144)	(1.9)	(0.3)	(0.0)	
2	33	4	2	0	39
	(33.1)	(4)	(0.9)	(0.1)	
3	84	14	6	1	105
	(83.7)	(15.1)	(6)	(1.4)	
4	126	29	25	5	185
	(126.0)	(28.9)	(24.6)	(5)	
边缘和	387	49	33	6	475

资料来源：1991 General Social Survey。

表 A – 15 对表 9 – 6 进行 SAS 分析

```
data sex;

input premar extramar sysmm qi count @ @ ;

cards;

    1  1  1  1  144      1  2  2  5  2      1  3  3  5  0      1  4  4  5  0

    2  1  2  5  33       2  2  5  2  4      2  3  6  5  2      2  4  7  5  0

    3  1  3  5  84       3  2  6  5  14     3  3  8  3  6      3  4  9  5  1

    4  1  4  5  126      4  2  7  5  29     4  3  9  5  25     4  4  10  4  5

;

proc freq; weight count;

    tables premar * extramar / agree;

proc genmod; class symm;

    model count = symm / dist = poi link = log;

proc genmod; class extramar premar symm;

    model count = symm extramar premar / dist = poi link = log;

proc genmod; class symm;

    model count = symm extramar premar / dist = poi link = log;

proc genmod; class extramar premar qi;

    model count = extramar premar qi / dist = poi link = log;

data sex2; input score below above@ @ ; trials = below + above;

cards;

    1  33  2    1  14  2    1  25  1    2  84  0    2  29  0    3  126  0

;

proc genmod;

    model above/trials = score / dist = bin link = logit noint;

proc genmod;

    model above/trials = / dist = bin link = logit noint;

run;
```

　　表 A – 15 是利用 SAS 的 GENMOD 过程对表 9 – 6 进行对称模型、准对称模型、定序准对称模型和准独立模型拟合的程序清单。界定因子"symm"指的是在对称模型和准对称模型中拥有相同关联项的许多配对单元格。例如，在单元格（2，1）和（1，2）中"symm"取相同的值，在单元格（1，3）和（3，1）中"symm"则取另外的值，依此类推。在此模型中拥有此项的因子代表的是参数 λ_{ij} 且 $\lambda_{ij} = \lambda_{ji}$。倘若是对称模型，那么第一个模型只适合这个因子。

在表 A – 15 中，第二个 model 命令串（针对定类准对称模型）很像第三个 model 命令串（针对定序准对称模型）。二者的差别在于：第二个 model 命令串把 "premar" 和 "extramar" 归为定类变量，第三个 model 命令串则没有此约束；主效应在第二个 model 命令串中是定类的，在第三个 model 命令串中是定序的。第四个 model 命令串对准独立模型进行了拟合。在这个模型中，因子 "qi" 代表的是参数 δ_i。它对主对角线上的每一单元格都使用了分开值，对其他单元格则使用了公共值（common value）；另外，由于最后一个变量层次是冗余的，故把其相关系数设定为 0。这样，从最后一个命令中去除因子 "qi" 便得到了定类独立对数线性模型。

表 A – 15 的最后部分展示了如何把对称模型和定序准对称模型拟合成对数概率比模型。具体操作如下：依据它们相对于主对角线的位置，单元频次对子（n_{ij}, n_{ji}）被标上 "above" 和 "below" 的标签，这些配对同时被看作 6 个二项频次集（sets of binominal counts）。被定义为 "赋值" 的变量是列赋值与行赋值之间的距离 $(u_j - u_i) = j - i$。需要注意的是，没有一个命令串含有被 NOINT 项指示的 "截距"（常数项），而且在定序模型中要把 "赋值" 视为一个变量。

我们也可以通过对定序准对称模型的拟合来完成对 Bradley – Terry 模型的拟合，或者直接采用对数概率比模型。通过对每一位选手进行人为自变量设定，表 A – 16 利用 SAS 的 GENMOD 过程对表 9 – 9 中的网球比赛数据进行了对数概率拟合。对于某既定观测值而言，如果选手 i 赢，那么其自变量取值便被定义为 1；若输，则自变量取值被定义为 – 1；若其不是某比赛的选手，则这个变量的取值被定义为 0。从而，每一观测值都依据变量层次按从 – 1 到 1 的取值顺序对选手的赢次进行排列。因此，通过视这些人工变量（其中一个是冗余的）为自变量，并用选项 NOINT 去除 "截距"（常数项），我们便可拟合对数概率比模型。另外，COVB 选项提供了模型参数估计项的估计协变量矩阵。

表 9 – 9　1989～1990 年网球比赛女性选手的比赛结果，
以及 Bradley – Terry 模型的拟合

胜利者	失败者				
	Seles	Graf	Sabatini	Navratilova	Sanchez
Seles	—	2	1	3	2
		(2.01)	(0.69)	(3.66)	(1.64)
Graf	3	—	6	3	7
	(2.99)		(6.72)	(2.10)	(6.99)
Sabatini	0	3	—	1	3
	(0.31)	(2.08)		(1.24)	(3.38)
Navratilova	3	0	2	—	3
	(2.34)	(0.90)	(1.76)		(2.99)
Sanchez	0	1	2	1	—
	(0.36)	(1.01)	(1.62)	(1.01)	

表 A – 16　对表 9 – 9 进行 SAS 分析

```
data tennis;
input wins matches seles graf sabat navrat sanchez;
cards;
    2  5   1  -1   0   0   0
    1  1   1   0  -1   0   0
    3  6   1   0   0  -1   0
    2  2   1   0   0   0  -1
    6  9   0   1  -1   0   0
    3  3   0   1   0  -1   0
    7  8   0   1   0   0  -1
    1  3   0   0   1  -1   0
    3  5   0   0   1   0  -1
    3  4   0   0   0   1  -1
;
proc genmod;
    model wins/matches = seles graf sabat navrat sanchez / dist = bin link = logit;
    noint covb;
run;
```

在 SPSS 中，正如刚刚讨论的那样，通过创建对数线性模型的适当因子和变量，我们可以利用 GENLOG 程序对配对进行模型拟合。一种简便的拟合准独立模型的方法是设定一个虚拟变量，这个虚拟变量在独立结构适用的单元格中取值为 1，在其他单元格中取值为 0，而且可以在"单元格结构"下对这个虚拟变量详细加以说明。一致性的 kappa 测量及其标准误差可以用 SPSS 中的 CROSSTABS 模块计算得出。

2 用于交互分类表的软件

有些统计软件被可用于特定的定序数据分析，原书附录可作为这些软件的使用入门。这可能令人感到困惑，因为现存的软件总是在不停地升级，而新的软件又不断涌现。不过，本章并不打算过分强调统计计算的细节，希望读者自行决定，使用适当的软件。下面的例子也许对使用某些软件的读者，以及为处理定序数据而必须掌握输入方法的读者有所帮助。

2.1 Glim

GLIM（Generalized Linear Interactive Modelling，广义线性迭代建模工具）是一款低成本人机互动软件，由英国皇家统计学会开发。在假定样本单元格频次符合独立的泊松分布的条件下，GLIM 被用于拟合广义线性模型。GLIM 会自动为"函数"选择 log 功能（因为均值的对数是指数的自然参数），用 $\log m_{ij}$ 作为广义线性模型的应变量。第 6 章讨论的对数概率比（logit）模型被用于二分应变量时可以由 GLIM 通过指定一个二项样本分布来处理，在此分布中自然参数是 $\log[\pi/(1-\pi)]$。使用对数概率比模型可通过指定对数 – 对数链接函数（log-log link function），由 GLIM 来拟合。

本节将对本书第 4 章表 4 – 1 中的政治态度数据进行对数线性行效应模型的拟合，以此来说明 GLIM 的应用。表 D – 1 包含了足够拟合这个模型的数据。*PARTY* 是党派类别，*IDEOL* 是政治态度，*V* 代表在模型链接项中出现的由 $v_j - \bar{v}$ 值表征的变量。现假定 $v_j = j$，表 D – 1 中最初的三个命令说明表中有 9 个观测值（9 个单元格频次），*PARTY* 和

IDEOL 都是有三个类别的定性变量，每个数据都是一个由 *PARTY*、*IDEOL* 和 *V* 交互组成的单元格频次。指定单元格频次为泊松变量后，开始拟合对数线性行效应模型。

表 4 – 1　独立模型的观测频次

党派	政治意识			总计
	自由	适中	保守	
民主党	143	156	100	399
无党派	119	210	141	470
共和党	15	72	127	214

资料来源：1976 年威斯康星州总统选举投票数据。

表 D – 1　用于拟合本书第 4 章表 4 – 1 的对数概率比行效应模型的 GLIM

$ UNITS9				
$ FACTOR	PARTY 3	IDEOL 3		
$ DATA	DOUNT	PARTY	IDEOL	V
$ READ	100	1	1	
	156	1	0	
	143	1	− 1	
	141	2	1	
	210	2	0	
	119	2	− 1	
	127	3	1	
	72	3	0	
	15	3	− 1	
$ YVAR	COUNT			
$ ERROR	POISSON			
$ FIT	PARTY + IDEOL + PARTY. V $			

在三个牛顿 – 拉弗森迭代算法循环后，得出 $G^2 = 2.815$（指的是 GLIM 的 "偏离"）。变量独立模型可通过以下命令拟合：

$$\$ FIT \quad PARTY + IDEOL \$$$

在其他选项中，可以通过以下命令，给出参数估计值、估计期望值和标准化残差：

$$\$ DISPLAY \quad E \quad R$$

GLIM 的参数估计的刻度决定了 $\hat\lambda_r^X = \hat\lambda_c^Y = \hat\tau_r = 0$，依据政治态度数据，得到 $\hat\tau_1 = -1.213$，$\hat\tau_2 = -0.943$，$\hat\tau_3 = 0$。我们可以从每个 $\hat\tau_i$ 中减去均值，得到 5.2 节中的各值，各值之和等于 0。

GLIM 也能用于拟合 8.1 节讨论的对数积性（the log-multiplicative）行和列效应模型，即使它并非对数线性模型。当 $\{u_i\}$ 或 $\{v_j\}$ 是定值时，模型（8.1）是对数线性的。因此，如果我们设定所有的 $v_j = j$，就能通过拟合对数线性行效应模型估计 $\{u_i\}$。然后，把 $\{\hat u_i\}$ 看作定值，估计 $\{v_j\}$，正如在对数线性列效应模型中一样。把 $\{\hat v_j\}$ 作为新的固定的列值，重新拟合对数线性行效应模型以便得到下一个 $\{u_i\}$ 的估计值。这种计算将继续下去，直到获得满意的收敛为止——通常只需要少量的循环。GLIM 给出的 df 值可能是错误的，因为在每个时期它都把一个参数值看作是固定的而得到。对二分表而言，正确的 $df = (r-2)(c-2)$。

2.2 SPSS^X

SPSS^X（Statistical Package for the Social Sciences，社会科学统计软件包）由 SPSS 公司开发。该软件中的 LOGLINEAR 模块可通过使用牛顿 – 拉弗森迭代算法给出对数线性模型的最大似然拟合以及相应的对数概率比模型的最大似然拟合。输出项包括估计期望频次、标准化校正残差、模型参数估计值及关联项。此程序可被用于拟合第 3、4 及 6 章中的标准对数线性和对数概率比模型，也可被用于第 5 章中的定序对数线性模型和等价的用于相邻层次或类别的对数概率比模型。零加权可被用于特定单元格以便拟合有结构性零频次的模型，例如准独立模型。

我们将通过拟合表 4 - 1 中政治态度数据的对数线性行效应模型（5.5）来介绍 SPSS^X（LOGLINEAR）的应用。表 D - 2 列出了足够的程序命令。

表 D – 2　用于拟合本书第 4 章表 4 – 1 的对数线性行效应模型的 SPSS^{X}（LOGLINEAR）

DATA LIST LIST /　IDEOL PARTY FREQ *

VALUE LABELS IDEOL1 'LIBERAL' 2 'MODERATE' 3 'CONSER' /

　　PARTY 1 'DEMO' 2 'INDEP' 3 'REPUB'

WEIGHT BY FREQ

LOGLINEAR IDEOL(1,3)　PARTY(1,3)/

　　CONTRAST(IDEOL) = POLYNOMIAL/

　　DESIGN = IDEOL PARTY PARTY BY IDEOL(1)/

BEGIN DATA

1	1	143
2	1	156
3	1	100
1	2	119
2	2	210
3	2	141
1	3	15
2	3	72
3	3	127

END DATA

　　每个数据都由党派类别（*PARTY*）、政治态度（*IDEOL*）以及相应的单元格频次（*FREQ*）构成，包含适当的定序变量关联项的模型通过比较正交多项式确定。*IDEOL*（政治态度）是定序变量，命令如下：

CONTRAST(IDEOL) = POLYNOMIAL/

DESIGN 命令指定模型的形式，例如：

DESIGN = IDEOL PARTY/

指定独立模型。而

DESIGN = IDEOL PARTY　IDEOL BY PARTY/

指定二元饱和模型。表 D – 2 有如下命令：

DESIGN = IDEOL PARTY　PARTY BY IDEOL(1)/

该命令给出了一个关联项的政治态度的线性值（即对数线性行效应模型）。

SPSS^X 使用的定序赋值是正交多项式的系数。例如，对表 D－2 中 *IDEOL*（政治态度）的三个类别，使用赋值（$-1/\sqrt{2}, 0, 1/\sqrt{2}$）。因此，如果要求这些数据的参数估计值，将会得到一个因子，其值是 5.2 节中赋值为（－1，0，1）的因子的 $\sqrt{2}$ 倍。SPSS^X 给出了指定非等间距赋值的选项。比如，命令 CONTRAST(IDEOL) = POLYNOMIAL(1，2，4) /给出的 $v_3 - v_2 = 2(v_2 - v_1)$。

线性对线性(linear-by-linear)关联模型（5.1）可被用于表 5－1 中的粘连严重性数据，使用下列命令：

```
LOGLINEAR   OPER(1,4) #DUMP(1,3)/
CONTRAST(OPER) = POLYNOMIAL/
CONTRAST(DUMP) = POLYNOMIAL/
DESIGN   OPER DUMP   OPER(1) BY DUMP(1)/
```

根据粘连严重性（DUMP）的正交多项式赋值（$-1/\sqrt{2}, 0, 1/\sqrt{2}$）和手术（OPER）的赋值（$-1.5/\sqrt{5}, -0.5/\sqrt{5}, 0.5/\sqrt{5}, 1.5/\sqrt{5}$）可以从程序中得到估计参数值 $\hat{\beta} = 0.514$；此数值是 5.1 节中用连续整数赋值得到的 $\hat{\beta} = 0.163$ 的（$\sqrt{2 \times 5} =$）3.16 倍。通过迭代方法，SPSS^X（LOG LINEAR）应用与上节 GLIM 同样的方式，也能拟合对数积性模型（8.1）。

2.3 BMDP

BMDP（Biomedical Computer Programs，生物医学统计软件）是一款多用途统计软件，针对不同的分析有单独的组件。BMDP－4F 程序用于交互分类表的分析。它能计算第 9、10 章中的一些关联量度（例如 Gamma 系数、肯德尔 $tau-b$ 系数、萨默斯 d 系数、皮尔逊积矩相关系数等），计算渐近标准差，检验量度是否支持零假设。它也很适于拟合第 3、4 章中提到的定类变量的对数线性模型。现有的版本不支持拟合第 5、7 章中的定序对数线性模型和对数概率比模型。表 D－3 包含了拟合表 3－1 中死刑数据的多种对数线性模型的输入命令，并列出了二元边缘表、估计期望值和估计模型参数的命令。

表 3 - 1　受害人和被告的判决结果

单位：人，%

受害人的种族	被告的种族	死刑		判死刑者的比例
		是	否	
白人	白人	53	414	11.3
	黑人	11	37	22.9
黑人	白人	0	16	0.0
	黑人	4	139	2.8
合计	白人	53	430	11.0
	黑人	15	176	7.9

资料来源：Radelet, M. L. and G. L. Pierce, *Florida Law Rev.*, 43：1 - 34（1991）. Reprinted with Permission of the Florida Law Review。

表 D - 3　用于拟合表 3 - 1 中死刑数据的对数线性模型的 BMDP - 4F

```
/PROBLEM          TITLE IS 'DEATH PENALTY'
                  VARIABLES ARE 3.
/INPUT            FORMAT IS '(8F4.0)'.
                  TABLE IS 2,2,2.
/VARIABLE         NAMES ARE PENALTY, VICTIM, DEFENDANT
/TABLE            INDICES ARE PENALTY, VICTIM, DEFENDANT
                  SYMBOLS ARE P,V,D.
/CATEGORY         CODES(1) ARE 1,2.
                  NAMES(1) ARE YES, NO.
                  CODES(2) ARE 1,2.
                  NAMES(2) ARE WHITE, BLACK.
                  CODES(3) ARE 1,2.
                  NAMES(3) ARE WHITE, BLACK.
/PRINT            MARGINAL IS 2.
                  EXPECTED.
                  LAMBDA.
/FIT              ALL.
/FIT              MODEL   IS P,V,D.
/FIT              MODEL   IS VD,P.
/FIT              MODEL   IS VD,VP.
/FIT              MODEL   IS VD,VP,DP.
/FIT              MODEL   IS PVD.
/END
 19  132  0  9  11  52   6  97
```

2.4 SAS

与 BMDP 一样，SAS（Statistical Analysis System，统计分析系统）也是一款用途很广的统计软件。SAS 中的 LOGIST 过程能被用于第 6 章中的标准对数概率比模型的最大似然估计，即使有些解释变量是连续的。FUNCAT 过程提供了用于定类数据模型的加权最小平方方法。模型中的应变量由用户通过一系列线性、对数和指数的功能来指定。FUNCAT 过程能拟合应变量均值模型和第 6 章中的对数概率比模型。对于对数概率比模型，FUNCAT 过程也能提供最大似然拟合的选项。

表 D-4 包含了拟合粘连严重性数据的对数概率比模型的命令，其中第二和第三层次的数据被合并为一类。这个模型曾经讨论过，它等价于 4×2 合并表的对数线性均匀关联模型。"DIRECT" 命令将手术设定为一个定距变量。第二个应变量命令应用连续整数赋值，使原始 4×3 二维列联表的应变量均值模型拟合模型。

表 D-4 是利用 SAS 拟合本书第 6 章表 6-2 的对数概率比均匀关联模型和变量独立模型。

表 6-2　受教育程度和家庭收入的观测频次（表 6-2 的一部分）

家庭收入	受教育程度			总数
	小学	中学	大学	
下下	291	702	113	1106
中下	236	1325	302	1863
中上	110	991	369	1470
上上	15	203	105	323

资料来源：中国社会科学院社会学研究所。

SAS 中的 MATRIX 功能可被用来编写分析线性代数矩阵的简单程序。表 D-5 给出了使用牛顿-拉弗森迭代算法拟合对数线性模型的程序。用户需要使用 CARDS 命令后的观测单元格频次，并且提供一个设计矩阵 **X** 来确定模型。表 D-5 中的数据来自本书第 4 章表 4-1 中的政治态度数据。

表 D – 4　对本书第 6 章表 6 – 2 进行 SAS 分析

```
DATA DUMPING;
INPUT OPER DUMP COUNT;
DARDS;

        1            1            113
        1            2            702
        1            3            291
        2            1            302
        2            2            1325
        2            3            236
        3            1            369
        3            2            991
        3            3            110
        4            1            105
        4            2            203
        4            3            15

PROC PRINT;
PROC FUNCAT; WEIGHT COUNT;
DIRECT OPER;
MODEL DUMP = OPER / FREQ   PROB   P COVB   X;
RESPONSE   1   - 1   LOG   1 1 1 / 1 0 0;
RESPONSE   - 1   0   1;
```

设计矩阵是附录 B. 1 中的 9×7 矩阵，用于拟合对数线性行效应模型。表 D – 5 的观测单元格频次被用作 $\hat{m}$ 的初始近似值，然后对其进行 5 次牛顿 – 拉弗森迭代循环。此程序可轻松地增加循环次数，在提高收敛质量的同时，各种统计值也随之给出。

表 D – 5　使用牛顿 – 拉弗森迭代算法，拟合表 4 – 1 中数据
的对数线性行效应模型的 **PROC MATRIX** 过程

```
DATA FREQ;
INPUT F1;
CARDS;
100
```

```
156
143
141
210
119
127
72
15
PROC MATRIX    ERRMAX = 50FUZZ;
FETCH N DATA  = FREQ;
X = J(9,7);
X(1,)  =    1       1       0       1       0      - 1      0;
X(2,)  =    1       1       0       0       1       0       0;
X(3,)  =    1       1       0     - 1     - 1       1       0;
X(4,)  =    1       0       1       1       0       0     - 1;
X(5,)  =    1       0       1       0       0       0       0;
X(6,)  =    1       0       1     - 1     - 1       0       1;
X(7,)  =    1     - 1     - 1       1       0       1       1;
X(8,)  =    1     - 1     - 1       0       1       0       0;
X(9,)  =    1     - 1     - 1     - 1     - 1     - 1       1;
NN  = DIAG(N);
H = X' * NN * X;
L  = LOG(N);
R  = X' * NN * L;
B  = (INV(H)) *;
M  = EXP(X * B);
NOTE SKIP = 3 INITIAL M ESTIMATE IS; PRINT M;
NOTE SKIP = 3 INITIAL BETA ESTIMATE IS; PRINT B;
DO I = 1 TO 5;
MM  = DIAG(M);
Q = X' * (N - M);
H = X' * MM * X;
B1 = B + (INV(H)) * Q;
M  = EXP(X * B1);
B = B1;
NOTE SKIP = 6 ESTIMATED EXPECTED FREQUENCIES ARE; PRINT M;
NOTE SKIP = 3 ESTIMATED BETA IS;PRINT B1;
GSQ  = 2#N'(L - LOG(M));
```

2.5　其他软件

软件 MULTIQUAL 专门用于分类数据的对数线性和对数概率比模型的最大似然拟合。该软件对定序数据特别有用，能拟合第 5、7 章中的定序对数线性模型和对数概率比模型。从以下地址可得到 MULTIQUAL 的有关信息：International Educational Service，P. O. Box 536，Mooresville，IN 46158。

ANOAS（方差分析）是一款用 FORTRAN 语言开发的软件，用于二分定序对数线性模型的最大似然估计。它使用附录 B.1 中讨论的牛顿－拉弗森迭代算法的线性版本。方差分析能被用于拟合线性对线性关联模型（5.1）、行效应模型（5.5）、补充行和列效应模型（5.6）、对数积性模型（8.1）、准均匀关联和准独立模型（11.1），还有很多其他的模型。要使用 ANOAS，请联系

Dr. Clifford C.　Clogg
Population Issues Research Office
21 Burrowes Building
Pennsylvania State University
University Park，PA 16802

美国芝加哥大学统计系的里奥·古德曼博士（Dr. Leo Goodman，Department of Statistics，University of Chicago）开发了 ANOAS 特别版，该程序可用于拟合一些在他的论文中讨论的复杂模型。例如，附录 8.2 中提到的 R + C + RC 模型。

GENCAT 是一款用于分类数据模型的加权最小平方估计的软件，实际上有些近似于 SAS 中的 FUNCAT 功能，但是可以拟合第 5、7 章中的定序对数线性模型和对数概率比模型。

FREQ 是一个用 FORTRAN 语言编写的程序，在 Haberman 论文中用于对数线性模型的最大似然拟合（通过牛顿－拉弗森迭代算法），并给出校正残差。用它对定序对数线性模型进行分析时，模型必须以一种与本节有些不同的方式来表达，见 Haberman 文章中第 377 页的对数线性行效应模

型、第 385 页的线性对线性关联模型。

ECTA 通过迭代概率拟合，获得对数线性模型的最大似然估计值。该软件采用迭代步骤，拟合第 5 章中的定序对数线性模型。在每一个步骤中，由模型满足的具有概率比形式的频次被用作"起始值"。例如，为了拟合均匀关联模型，所有局域概率比是同一数值，相同概率比的数目是起始值。例如 4×3 二维列联表，因为一些 $\theta > 0$，起始值可以是

$$
\begin{array}{ccc}
1 & 1 & 1 \\
1 & \theta & \theta^2 \\
1 & \theta^2 & \theta^4 \\
1 & \theta^3 & \theta^6
\end{array}
$$

通过 ECTA 拟合变量独立模型，使频次拟合边际观测分布。通过检测，从一系列的共同概率中得到使 G^2 最小的概率。ECTA 通过对主对角线赋予初始值 0、其他赋予 1，可较容易地拟合近似独立模型。

SPSS[①] 是一款与 BMDP、SAS 功能类似的多用途统计软件。应用 SPSS 的 CROSSTABS 模块，可以计算多种关联量度，并且可以对二维列联表进行显著性检验。

---

① SPSS[X] 主要在大型计算机上使用，而 SPSS 专门针对 PC 机的 Windows 平台开发。

参考文献

中文

布莱洛克:《社会统计学》,傅正元等译,中国社会科学出版社,1988。

柯惠新:《调查研究中的统计分析法》,北京广播学院出版社,1999。

李沛良:《社会研究的统计应用》,社会科学文献出版社,2001。

张尧庭:《定序资料的统计分析》,广西师范大学出版社,1991。

西文

Agresti, A. 1984. *Anaiysis of Ordinal Categorical Data.* John Wiley & Sons, Inc.

Agresti, A. 1996. *An Introduction to Categorical Data Analysis.* John Wiley & Sons, Inc.

Hildebrand, D. K. 1977. *Analysis of Ordinal Data.* Sage Publications, Inc.

Iversen, G. R. 1987. *Analysis of Variance.* Sage Publications, Inc.

Liao, T. F. 1994. *Intepreting Probability Models.* Sage Publications, Inc.

Lieretrau, A. M. 1983. *Measures of Association.* Sage Publications, Inc.

图书在版编目（CIP）数据

定性数据的统计分析/赵平著.—北京：社会科学文献出版社，
2014.4（2015.10 重印）

ISBN 978 - 7 - 5097 - 5134 - 3

Ⅰ.①定…　Ⅱ.①赵…　Ⅲ.①定性分析 - 统计分析　Ⅳ.①C813

中国版本图书馆 CIP 数据核字（2013）第 234933 号

定性数据的统计分析

著　　者 / 赵　平

出 版 人 / 谢寿光
项目统筹 / 杨桂凤
责任编辑 / 杨桂凤

出　　版 / 社会科学文献出版社·社会政法分社（010）59367156
　　　　　　地址：北京市北三环中路甲 29 号院华龙大厦　邮编：100029
　　　　　　网址：www.ssap.com.cn
发　　行 / 市场营销中心（010）59367081　59367090
　　　　　　读者服务中心（010）59367028
印　　装 / 三河市尚艺印装有限公司

规　　格 / 开　本：787mm × 1092mm　1/16
　　　　　　印　张：10.75　字　数：160 千字
版　　次 / 2014 年 4 月第 1 版　2015 年 10 月第 2 次印刷
书　　号 / ISBN 978 - 7 - 5097 - 5134 - 3
定　　价 / 45.00 元